拼多多开店全攻略

AI时代下的运营、引流与爆款打造

（升级版）

蒋珍珍◎编著

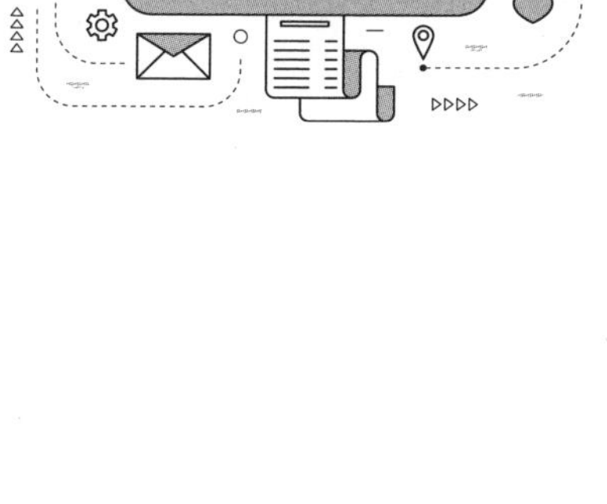

化学工业出版社
·北京·

内 容 简 介

在拼多多“好价 + 好货 + 好内容”的新生态下，AI 已成为突破运营瓶颈的关键引擎。本书打破传统运营思路，以 AI 赋能为核心，系统拆解拼多多开店从基础搭建到爆款打造的全流程。

全书紧跟平台流量新趋势，将 AI 工具深度融入选品、引流、运营等多个核心环节：借助 DeepSeek 的智能分析能力精准预测热销品类，用 AI 提示词快速生成高转化产品文案与短视频脚本，通过数据驱动的推广策略优化广告 ROI。从多多视频内容创作到直播话术设计，均提供可直接复用的 AI 实操方案，彻底告别盲目运营。

本书特别适配三类读者：电商新手可通过 AI 工具快速入门避坑；传统卖家能借助智能化方案突破增长瓶颈；个体创业者可依托低成本 AI 工具实现高效起步。

图书在版编目（CIP）数据

拼多多开店全攻略：AI 时代下的运营、引流与爆款打造：升级版 / 蒋珍珍编著. -- 北京：化学工业出版社，2026. 2. -- ISBN 978-7-122-49839-7

Ⅰ. F713.365.2

中国国家版本馆 CIP 数据核字第 202608W23Q 号

责任编辑：刘　丹　　　　文字编辑：张焕强

责任校对：李　爽　　　　装帧设计：仙境设计

出版发行：化学工业出版社（北京市东城区青年湖南街 13 号　邮政编码 100011）

印　　装：三河市双峰印刷装订有限公司

710mm×1000mm　1/16　印张 14　字数 232 千字　2026 年 3 月北京第 2 版第 1 次印刷

购书咨询：010-64518888　　　　售后服务：010-64518899

网　　址：http://www.cip.com.cn

凡购买本书，如有缺损质量问题，本社销售中心负责调换。

定　　价：68.00 元

前言

一、写作驱动

在科教兴国战略的指引下，电商产业作为数字经济的重要组成部分，正迎来智能化转型的关键时期。拼多多作为国内热门的电商平台，其 AI 赋能的运营模式为商家提供了创新发展的新路径。然而，在实际运营过程中，许多商家面临着以下诸多挑战：

（1）**新手入门难：**对拼多多开店流程不熟悉，易因违规操作导致店铺受限。

（2）**AI 工具应用盲区：**虽知 AI 可提效，但缺乏系统指导，难以落地到实际的店铺运营中。

（3）**视觉竞争力弱：**店铺美工成本高，自制素材质量差，影响转化率。

（4）**客服响应慢：**人工回复效率低，难以兼顾多个客户咨询，导致订单流失。

（5）**流量获取难：**免费引流渠道分散，付费推广成本高，效果不稳定。

（6）**活动报名通过率低：**不了解平台活动规则，资源位选择盲目。

（7）**视频制作门槛高：**短视频引流需求大，但缺乏专业设备和剪辑技能。

（8）**直播带货成本高：**真人主播费用高，中小商家难以承担。

（9）**爆款打造难：**选款、定价、排名优化缺乏数据支撑，难以持续打造爆款。

本书旨在帮助读者掌握拼多多平台 AI 运营的核心技能，提升店铺竞争力，助力个人创业与国家电商产业升级，共同推动数字经济高质量发展。针对上述痛点，本书以“AI 赋能＋实战案例”为核心，系统梳理了拼多多开店从 0 到 1 的全流程，分为开店运营、引流推广、爆款打造 3 大篇幅，逐一对各环节进行介绍。通过 AI 工具的深度应用，商家可降低运营成本，提升效率与转化率，实现可持续增长。

二、本书特色

本书不仅提供理论指导，更注重实战落地，结合 AI 技术为商家提供“降本增效”的解决方案。无论是新手入门，还是进阶提升，均能在书中找到针对性策略。本书 6 大特色如下。

（1）**全流程 AI 赋能：**从店铺定位、商品上架、店铺装修、客服回复、营销推广、爆款打造，全程融入 AI 工具，降低人力成本。

（2）**零基础视觉优化：**AI 制图、智能抠图、高清增强、无代码装修等功能，无须具备专业设计能力也能产出高质量素材。

（3）**客服智能化运营：**在 AI 的赋能下，提供常见问题自动回复、售后纠纷标准化话术，提升响应速度与客户满意度。

（4）**多渠道引流策略：**覆盖免费流量、付费推广、活动报名、视频与直播引流等方法，满足商家不同阶段的需求。

（5）**40 ＋ AI 实战案例：**深度剖析不同行业、不同场景下的 AI 应用实例，涵盖开店管理、美工设计、客服运营、活动策划、视频制作、直播引流、爆品选款、爆款锻造、提升排名、提升销量等全链路，帮助读者灵活运用 AI 工具解决实际问题。

（6）**9 大超值资源包赠送：**包括教学视频、AI 提示词、素材文件、效果文件、DeepSeek 活动策划指令、DeepSeek 直播话术指令、DeepSeek 视频生成指令等，还有可供教学使用的 PPT 课件和教案，扫码即可获取，快速上手。

本书是电商创业者、拼多多店铺运营人员的必备指南，同时也是职业院校电商专业的优质教材，助力读者在数字经济时代抢占先机！一书在手，开店无忧！ AI 赋能拼多多运营，从 0 到 1 打造爆款，让流量与转化率双提升！

三、教学资源

本书提供的配套教学资源及具体数量如下表所示。

教学资源及数量表

序号	教学资源	数量
1	PPT 课件	11 个
2	教案	1 个
3	教学视频	63 分钟
4	AI 提示词	31 组
5	素材文件	19 个
6	效果文件	40 个
7	DeepSeek 活动策划指令	30 个
8	DeepSeek 直播话术指令	30 个
9	DeepSeek 视频生成指令	50 个

四、获取方式

如果读者需要获取书中案例的素材、效果、视频或其他资源，请使用微信的“扫一扫”功能，按需扫描书中对应的二维码即可。

扫码获取资源

五、特别提示

（1）版本更新：本书在编写时，实际操作图片基于当时各种工具和网页平台的界面截取。其中，**拼多多商家工作台版本为 3.5.6.14、拼多多商家后台版本为 16.36.0、拼多多直播伴侣版本为 6.15.0、拼多多商家版 App 版本为 v7.0.1**。但本书从编辑到出版需要一段时间，在此期间这些工具和平台的功能、界面等都可能会有变动。在阅读时，请根据书中的思路，举一反三，进行学习。

（2）**AI 生成的内容差异：**即使是完全相同的提示词，AI 模型每次生成的内容都会有差别，所以大家可以看到书中所引用的 AI 生成的内容与教学视频会有所差异，包括大家用同样的提示词，自己再去生成内容时，结果也会有所区别。这是模型基于算法与算力得出的新结果，是正常的。另外，由于本书篇幅有限，AI 生成的内容在书中仅呈现部分。若读者想查看完整内容，请参阅随书赠送资源中的效果文件。

本书由蒋珍珍编著，特别感谢进行资料整理的苏高等人。由于笔者知识水平有限，书中难免有疏漏之处，恳请广大读者批评、指正。

编著者

目录

开店运营篇

引流推广篇

第4章 常规引流，打造店铺私域社交流量池

第5章 活动引流，轻松突破拼多多流量瓶颈

爆款打造篇

第 8 章　爆品选款，选出一款让人尖叫的产品

开店运营篇

第1章

开店管理，打造皇冠级拼多多店铺

学前提示

在电商竞争日益激烈的今天，拼多多凭借其独特的社交电商模式迅速崛起，吸引了大量用户和商家入驻。本章将详细介绍创建拼多多店铺和发布商品的基本步骤与方法，以及利用 AI 技术赋能开店与管理，助力商家在拼多多平台上实现高效运营与持续发展。

要点展示

- **新手入门：**拼多多开店与商品上架
- **AI 赋能：**拼多多开店与管理提效

1.1 新手入门：拼多多开店与商品上架

拼多多的入驻渠道主要包括 PC（personal computer，个人电脑）端和移动端，如图 1-1 所示。本节主要以个人店为例，介绍拼多多的开店、商品发布和基本规则等内容，帮助新手快速入门。

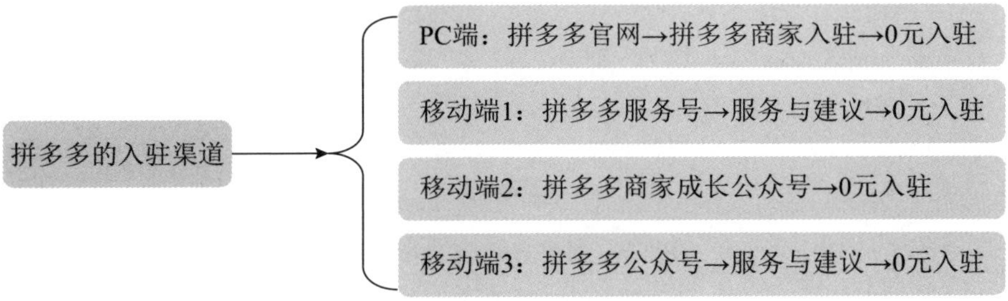

图 1-1　拼多多的入驻渠道和基本流程

1.1.1　了解拼多多开店流程

以 PC 端为例，打开拼多多官网，单击上方导航栏中的“拼多多商家入驻”链接，如图 1-2 所示。

图 1-2　单击“拼多多商家入驻”链接

进入拼多多招商平台页面，单击“入驻流程”按钮，即可查看具体的开店流程，如图 1-3 所示。可以看到，拼多多的开店流程分为 4 个主要步骤：准备资料、入驻申请、提交审核和开店成功。具体介绍如下。

（1）准备资料： 商家需根据店铺类型和主营类目准备相应的入驻资质，建议提前备齐资料以提高审核效率。

图 1-3　拼多多开店的入驻流程

（2）入驻申请： 商家需选择店铺类型、填写入驻信息、上传相关资质，并设置店铺名称。需要注意的是，店铺名称不得与已经通过审核的店铺名称重复。若两个或两个以上商家申请相同的符合规定的店铺名称，拼多多将依照“申请在先”原则核定，未通过审核的店铺需要更换店铺名称后重新提交申请。

（3）提交审核： 商家提交入驻申请后，拼多多会根据店铺类型（个人店、普通企业店、旗舰店、专卖店等）进行审核，一般需要 1 ～ 3 个工作日，审核结果会通过短信通知。

（4）开店成功： 审核通过后，商家可登录拼多多商家后台（图 1-4）或下载拼多多商家版 App 进行店铺管理，正式开始运营。

图 1-4　拼多多商家后台

1.1.2　拼多多商品上架流程

扫码
看教学

商家入驻拼多多平台后的第一步，就是发布新商品。在拼多多有多种方式可以发布商品，如在 PC 端的拼多多商家后台、拼多多商家版 App 以及“拼多多商户服务”微信公众号等渠道都可以发布商品。

以拼多多商家后台为例，上架商品的相关操作流程如下。

步骤 1　打开拼多多商家后台，在左侧导航栏中的“商品管理”下方单击“发布新商品”链接，如图 1-5 所示。

图 1-5　单击“发布新商品”链接

步骤 2　执行操作后，进入“发布新商品”页面，商家可以在搜索框中输入关键词快速搜索分类，❶也可以在下方手动设置合适的分类；设置完成后，❷单击“确认发布该类商品”按钮，如图 1-6 所示。

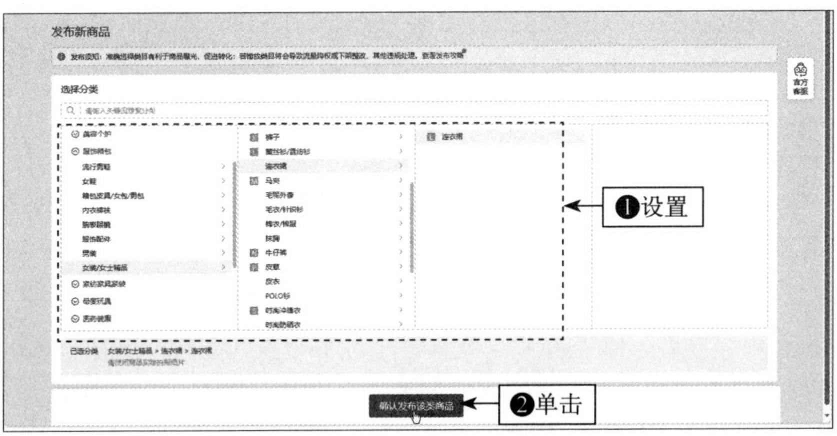

图 1-6　单击“确认发布该类商品”按钮

专家提醒

当商家确认发布某个类目的商品后，如何正确填写相关的商品信息呢？首先是商品标题。好的商品标题可以给商品带来更大的曝光量，能够准确地切中目标用户，所以商家一定要重视标题。注意，商品标题最多只能包含 60 个字符或者 30 个汉字，而且要符合商品属性的相关描述。

接下来填写商品属性。更加详细和准确的商品属性与描述可以提高搜索时的权重，将商品更精准地推荐给适用消费人群，提高转化率，获取更多流量。

步骤 3 执行操作后，进入“发布新商品”页面，在“基本信息”板块中可以设置商品轮播图、商品标题和商品属性，如图 1-7 所示。

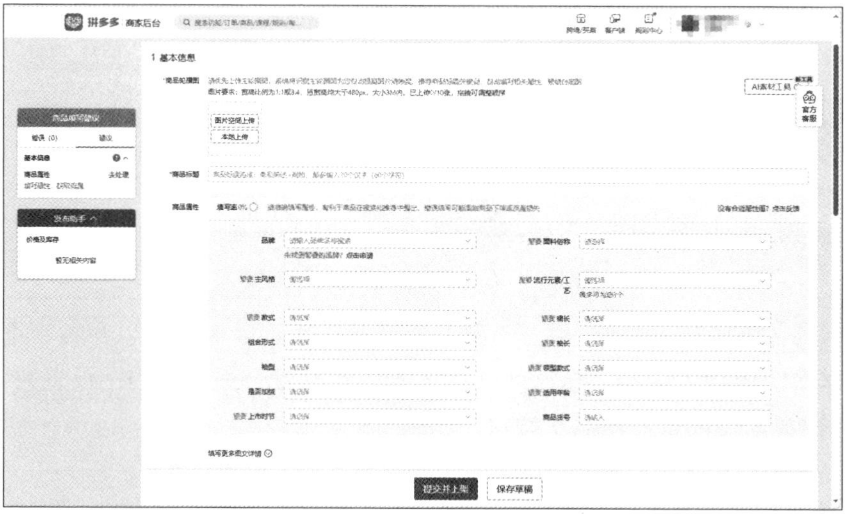

图 1-7 “基本信息”板块

专家提醒

轮播图位于商品详情页顶部。轮播图的尺寸和大小都有一定的要求，通常宽和高均需大于 480px，大小必须在 3MB 以内，而且数量最多不能超过 10 张，仅支持 jpg 和 png 这两种图片格式。主轮播图（即商品主图）的背景通常为纯白色，服饰类目的商品除外，图片上不能添加任何文字。

商品属性中的属性标签都是依据拼多多搜索量较高的搜索词提炼出来的，商家填写的属性也会直接展现在商品详情页面中。商品属性便于用户对商品有更多的认知，帮助其快速决定是否要下单购买。

另外，展开下面的“填写更多图文详情”选项区，商家可以上传商品讲解视频，直观展示商品功能和使用方法；编辑商品详情页，添加图片、文字和高级组件，详细介绍商品的卖点和优势；上传商品素材（如白底图、长图），用于搜索、推荐、频道以及活动列表等多场景展示，进一步提升商品曝光量和用户购买意愿。这些设置共同作用，帮助商家更好地展示商品价值，提高店铺竞争力。

步骤 4 在“规格与库存”板块中，可以设置商品的规格、价格及库存、商品参考价等，如图 1-8 所示。

图 1-8 “规格与库存”板块

专家提醒

在拼多多上架商品时，规格与库存的设置至关重要，相关要点如下。

（1）规格设置： 可以增加搜索与导购的曝光机会，商家可以选择标准颜色并添加备注信息（如偏深、偏亮等），还能从尺码模板中选择合适的尺码。

（2）价格及库存设置： 可确保商品能在承诺的发货时间内发出，避免物流违规。商家需如实填写库存信息，并设置单买价、拼单价等。另外，商品参考价应大于商品最大单买价，以提升商品详情页的利益点露出，提高转化率。

合理的规格与库存设置，不仅可以提高商品的吸引力和销售效率，还能优化用户的购物体验，同时帮助商家更好地进行库存管理和物流规划。需要注意的是，商品满件折扣与店铺内的优惠券、购物车、新客立减等优惠不同享。这些细节的考虑与设置，都是商家在拼多多成功上架商品的关键。

步骤 5 在“服务与承诺”板块中，可以设置商品类型、是否二手、是否定制、是否预售、承诺发货时间、运费模板等，如图 1-9 所示。设置完成后，单击“提交并上架”按钮，即可完成新商品的发布操作。

图 1-9 “服务与承诺”板块

专家提醒

“服务与承诺”板块的设置有助于提升用户信任和购物体验。商品类型、是否二手等信息可以让用户快速了解商品基本情况；定制与预售选项可以满足不同购买需求；明确的发货时间承诺可以提高用户对物流的预期；运费模板的设置可以确保用户清楚了解运费规则，避免纠纷。

另外，在“服务与承诺”板块的下方还可以设置以下选项：拼单要求与库存计件设置，可以优化购买流程，提高销售效率；承诺设置，如“7 天无理由退货”，可体现对用户权益的保障，增强购买信心。

1.1.3 熟记拼多多基本规则

商家在运营拼多多店铺时，如果对相关的规则不了解，那么在违规后只能是“徒增伤悲”，此时再痛哭流涕去求原谅也无济于事。商家想要了解更多拼多多的规则内容，可以登录拼多多商家后台，在导航栏中单击“成长中心”|“规则中心”链接进入“拼多多规则中心”页面，如图 1-10 所示。

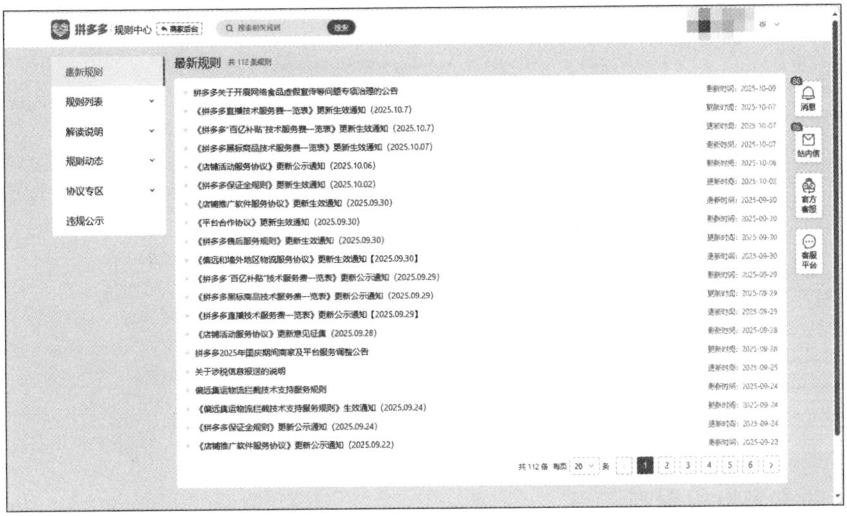

图 1-10 “拼多多规则中心”页面

商家可以在“拼多多规则中心”页面左侧的规则体系导航中选择想查看的规则，也可以直接搜索相应关键词来查找规则。下面重点介绍拼多多的一些基本规则。

1. 拼多多假货处理规则

很多拼多多的商家对于假货的概念不是很清楚，常常由于自己对假货的错误认知和理解而踏入雷区。在拼多多平台看来，假货是指假冒商品与盗版商品。其中，假冒商品包括假冒注册商标的商品、伪造或冒用他人厂名厂址的商品。想要了解详情的商家可以在“规则中心”搜索并查看拼多多假货处理规则的具体内容。

拼多多平台认定假货的主要依据为：平台与数百个品牌方建立了合作关系，对于抽检的商品，拼多多会通过注册商标持有人、著作权权利人、厂名或厂址所有人以及由上述权利人指定 / 授权的主体来进行认定，并出具商品真假的鉴定报告。

当商家出现假货、描述不符、刷单套券、欺诈发货等违规行为时，拼多多会对商家的货款资金进行限制，这些被限制的资金无法进行提现、转账和支付等操作。商家可以在拼多多商家后台进入“账户资金→资金限制”页面，查看限制原因、限制金额说明，还可以单击“查看详情”链接核实资金限制的详细情况，如图 1-11 所示。

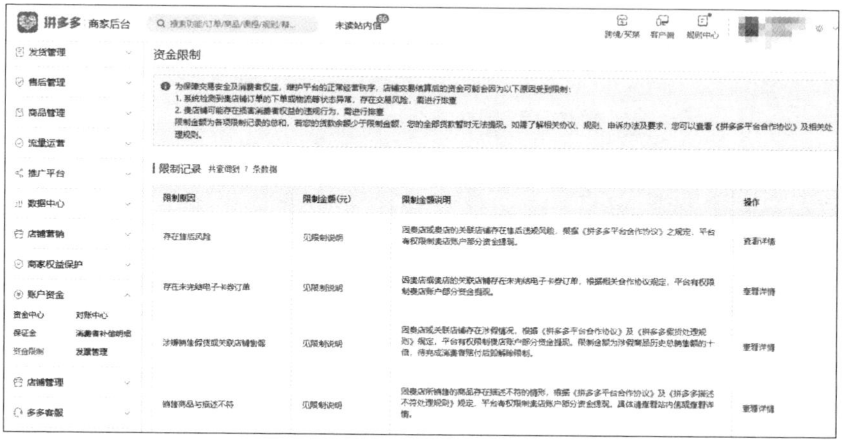

图 1-11　进入“资金限制”页面查看具体原因

2. 拼多多发货规则

拼多多发货规则对发货时限、延迟发货、虚假发货、欺诈发货、商品缺货以及虚假交易等相关行为的定义、判定依据和处理方法都做了非常明确的说明，具体内容可以进入规则中心查看，如图 1-12 所示。

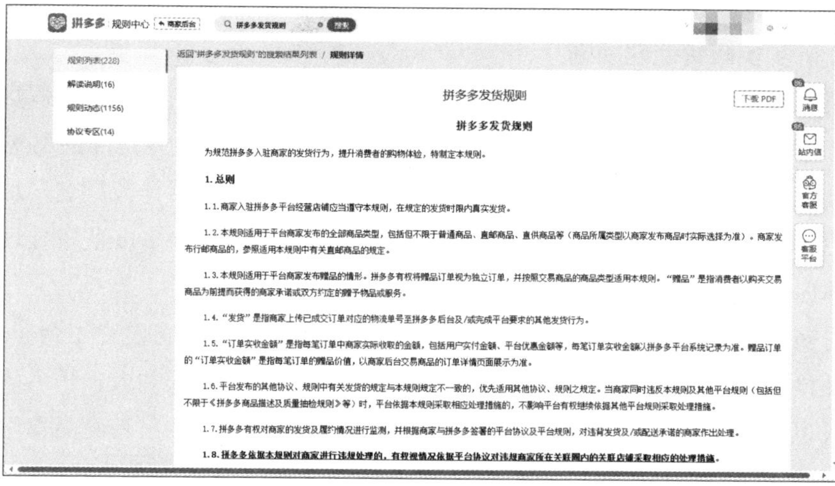

图 1-12　拼多多发货规则

3. 拼多多商品描述及质量抽检规则

拼多多商品描述及质量抽检规则，要求商家在店铺页面、商品详情页等场景中，以文字、图片等形式对商品信息进行准确展示，如图 1-13 所示。

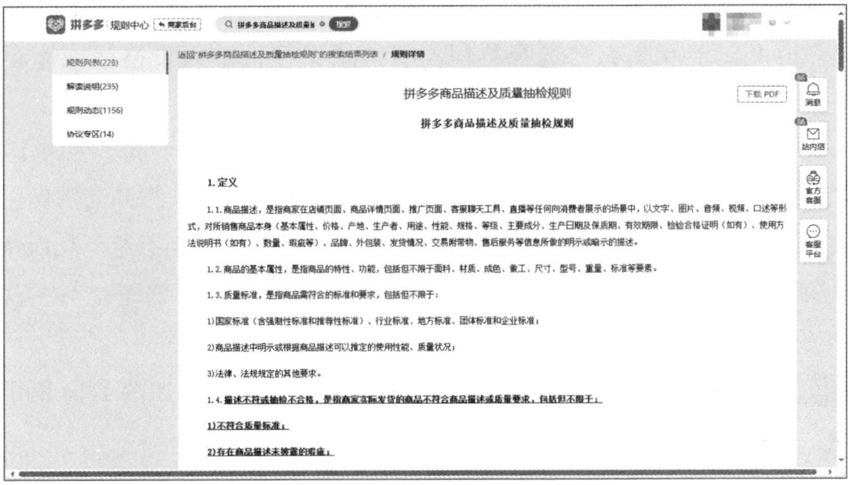

图 1-13　拼多多商品描述及质量抽检规则

同时，商品需符合国家、行业与平台标准，如实描述特性、功能、材质等。拼多多会抽检商品，若发现不符合质量标准或存在未披露瑕疵等问题，将对商家采取措施，如下架商品、限制销售等，以维护平台商品质量和服务水平。

1.2 AI赋能：拼多多开店与管理提效

对于拼多多商家来说，AI 技术正成为其开创新局、提升效率与转化率的强大助力。以 DeepSeek 为代表的 AI 工具，能够精准赋能拼多多开店与管理，助力商家在复杂的市场环境中脱颖而出。

通过 AI 技术，商家可以轻松确定店铺定位与主营类目，设计出吸睛的店铺名称，撰写出符合平台调性的商品标题，甚至快速生成高质量的商品详情页文案，并制定科学的新店冷启动运营策略。本节将以 DeepSeek 为例，介绍 AI 赋能拼多多开店和管理的相关方法，让电商运营变得更加智能、高效。

1.2.1 用 AI 确定店铺定位与主营类目

扫码
看教学

在拼多多开店的第一步，不是直接上传商品，而是明确“卖什么”和“卖给谁”。很多新手商家盲目选择热门类目，结果往往陷入价格战或库存积压困境。

一个清晰的店铺定位应结合市场需求、竞争程度、自身资源和供应链优势。AI 可以通过分析平台趋势、用户搜索行为和热销品类，帮助商家做出更理性的决策。例如，AI 可以识别哪些细分品类需求旺盛但供给不足，从而帮商家避开红海，找到蓝海机会。下面介绍使用 DeepSeek 确定店铺定位与主营类目的操作方法。

步骤 1 进入 DeepSeek 官网，单击“开始对话”按钮，如图 1-14 所示。

图 1-14　单击“开始对话”按钮

步骤 2 执行操作后，进入 DeepSeek 的登录页面，如图 1-15 所示，可以通过手机验证码、密码或微信扫码登录。

图 1-15　DeepSeek 的登录页面

步骤 3 登录成功后，进入 DeepSeek 的对话页面，输入相应的提示词，如图 1-16 所示。

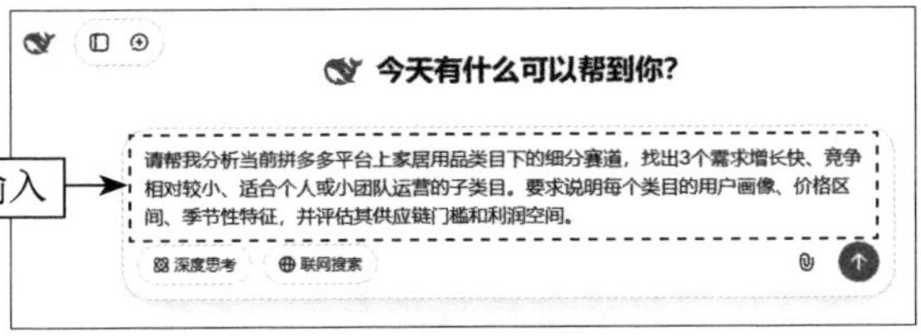

图 1-16　输入相应的提示词

专家提醒

该提示词的核心价值在于将开店前的“盲目试错”转变为“数据驱动决策”。拼多多作为典型的流量分发型平台，不同类目的竞争格局差异巨大，新手若直接进入服装、食品等红海类目，极易因缺乏资源和运营经验而失败。

通过让 AI 分析“需求增长快、竞争较小、适合小团队”的细分赛道，相当于获得了一份低成本的市场调研报告。AI 不仅能识别出兼具实用性和差异化潜力的蓝海产品，还能结合用户画像与供应链门槛给出可行性评估，帮助商家避开高库存、高售后风险的品类，选择真正适合自身资源的切入点。这种基于逻辑与数据的店铺定位方式，有助于提升新店存活率和长期发展潜力。

步骤 4 单击发送按钮，即可将提示词发送给 DeepSeek，DeepSeek 会根据要求生成所需的内容。相关提示词和 AI 回复内容如下。

提示词

请帮我分析当前拼多多平台上家居用品类目下的细分赛道，找出 3 个需求增长快、竞争相对较小、适合个人或小团队运营的子类目。要求说明每个类目的用户画像、价格区间、季节性特征，并评估其供应链门槛和利润空间。

DeepSeek

好的，我们来深入分析拼多多平台上适合个人或小团队运营的三个家居用品细分赛道。我将避开大家电、家具等竞争激烈的红海类目，聚焦于那些需求正在崛起且更倚重灵活性和细分市场洞察的领域。

以下是我为你找出的三个潜力子类目：

一、创意家居收纳与空间优化品

这个类目核心解决的是现代人，尤其是年轻人和小户型家庭的“空间焦虑”问题。它不仅仅是卖一个盒子，而且是提供一套空间解决方案。

用户画像：

核心人群：一线及新一线城市的租房青年、在校或刚毕业的大学生、小户型家庭主妇。

用户特征：他们居住空间有限，但追求生活品质和秩序感，热衷于在社交媒体上寻找收纳灵感，对产品的“颜值”和“多功能性”有较高要求。

……

专家提醒

注意，由于本书篇幅有限，AI 生成的文案内容在书中仅呈现部分，若读者想要查看完整内容，请参阅随书赠送资源中的效果文件。

1.2.2 用 AI 设计符合平台调性的店名

扫码看教学

店铺名称是品牌形象的起点，也是用户搜索和记忆的关键。在拼多多平台上，一个好的店名不仅要简洁易记，还要包含核心关键词，便于系统识别和推荐。同时，店铺名称应传递出主营产品的核心价值，比如“实惠”“正品”“源头厂家”等，增强用户信任感。

许多新手商家随意取名，导致后期无法形成品牌认知。AI 可以根据店铺的主营类目和目标人群，生成多个符合平台算法和用户心理的备选名称，提升店铺初期的曝光量和转化率。相关案例如下。

提示词

我准备在拼多多开设一家主营“母婴喂养用品”的店铺，请为我生成 10 个店铺名称建议。要求：名称中包含“母婴”“宝贝”“喂养”等关键词，体现安全、专业、实惠的特点，长度不超过 8 个字，避免生僻字，适合大众搜索和传播。

DeepSeek

为您准备了 10 个符合要求的店铺名称，每个名称都融合了关键词，并体现了安全、专业与实惠的特点：

1. 宝贝喂养优选：直接点明服务对象与“优选”的实惠特点，专业且亲切。
2. 母婴哺育之家：营造“家”的安全感与专业感，温馨可靠。
3. 安心宝贝喂养：突出“安心”的安全核心，直击家长痛点。
4. 惠育母婴精品：“惠”体现实惠，“育”体现专业喂养，名称雅致。
5. 宝贝厨房当铺：“厨房”关联辅食工具，生动有趣，易于传播。

……

专家提醒

一个优秀的店铺名称不仅是品牌符号，更是搜索流量的入口。拼多多的搜索算法会识别店铺名中的关键词，并将其与用户的搜索行为相匹配。例如，“宝贝喂养优选”这样的名称，既包含“宝贝”“喂养”等高相关词，又传递出“精选”“可靠”的信任感，比“小王的母婴店”这类无意义名称更容易被系统推荐。

该案例中的提示词通过明确要求“包含关键词”“体现安全实惠”“适合传播”，引导 AI 生成既符合 SEO（search engine optimization，搜索引擎优化）规则又具备营销属性的店名。这不仅能提升自然曝光，还能在用户心智中快速建立专业形象，增强其点击意愿。对于新店而言，这是低成本建立品牌认知的第一步，也是提升初始转化率的重要细节。

1.2.3　用 AI 撰写商品标题提升搜索排名

扫码
看教学

在拼多多平台上，90% 以上的流量都来自站内搜索，而搜索排名的核心影响因素之一就是商品标题。一个好的标题必须包含用户常搜的关键词，同时突出产品卖点和促销信息。如果标题写得模糊或关键词缺失，即使产品再好也难以被看到。

AI可以模拟拼多多的搜索逻辑，帮助商家组合出高权重、高点击率的标题结构，有助于新品上架时快速获取基础流量。相关案例如下。

提示词

请为一款“可折叠硅胶婴儿辅食碗”撰写5个适合拼多多的商品标题。要求：每个标题不超过30字，必须包含“婴儿辅食碗”“硅胶”“可折叠”“防烫”等核心关键词，并加入“宝宝专用”“宝妈推荐”“买一送一”等信任词和促销词，提升点击率和搜索权重。

DeepSeek

好的，这里为您精心撰写了5个符合要求的拼多多商品标题，每个标题都严格控制在30字以内，并融入了所有指定关键词：

1. 可折叠硅胶婴儿辅食碗防烫宝宝专用便携宝妈推荐买一送一
（突出便携和信任推荐，促销信息明确）
2. 宝妈推荐婴儿辅食碗硅胶可折叠防烫碗宝宝专用餐具买一送一
（以“宝妈推荐”开头建立信任，关键词覆盖全面）
3. 买一送一！硅胶可折叠婴儿辅食碗防烫安全宝宝专用外出便携
（用促销词开头吸引眼球，强调安全性和便携性）
4. 婴儿辅食碗硅胶可折叠防烫宝宝专用餐具便携收纳宝妈力荐
（使用“力荐”增强信任感，加入“收纳”解决痛点）

……

专家提醒

拼多多平台的搜索机制高度依赖关键词匹配，标题中包含的词越多、越贴近用户搜索习惯，获得曝光的机会就越大。该案例中的提示词通过强制要求包含“婴儿辅食碗”“硅胶”“可折叠”“防烫”等核心属性词，并加入“宝妈推荐”“买一送一”等信任与促销词，构建了一个高权重的标题结构。

AI生成的标题不仅满足平台的算法偏好，还能在搜索结果页中通过“促销信息”吸引用户点击，实现“曝光+点击”双提升。对于新店而言，这是突破零流量的关键技术动作，能有效缩短冷启动周期，快速积累初始销量。

1.2.4　用 AI 生成商品详情页文案提升转化率

扫码
看教学

当用户点击进入商品详情页后，他是否会下单，很大程度上取决于详情页的说服力。拼多多平台上的用户具有决策快、价格敏感等特点，因此商品详情页中的文案必须简洁、直接、痛点明确，需要快速告诉用户“这是什么”“为什么需要”“为什么买你的”。

AI 可以根据产品功能和目标人群的心理，生成场景化、情绪化、高转化率的商品详情页文案，而不是堆砌参数。相关案例如下。

提示词

请为一款“婴儿防胀气奶瓶”撰写一段商品详情页介绍文案，控制在 120 字以内。要求：突出“防胀气设计”“仿母乳奶嘴”“易清洗”三大卖点，使用宝妈口吻，加入使用场景（如“宝宝喝奶不哭闹”），语言口语化、有亲和力，能快速打动新手父母。

DeepSeek

新手妈妈看过来！这款防胀气奶瓶真是救星，宝宝喝奶不哭闹，小肚子舒舒服服。奶嘴是仿母乳设计，宝宝接受度超高，断奶也轻松。瓶身宽口径，冲奶不洒，清洗也超方便！带娃已经够累，选对奶瓶真的省心太多啦！

专家提醒

商品详情页是用户从“感兴趣”到“下单”的最后一步，其文案质量直接决定了转化率。该案例中的提示词通过要求“突出三大卖点”“使用宝妈口吻”“加入使用场景”，引导 AI 从用户视角出发，用情感化、生活化的语言替代枯燥的参数罗列。

例如，“宝宝喝奶不哭闹”这样的描述，比“采用防胀气阀门设计”更具说服力。AI 生成的文案能有效降低用户的理解成本，增强代入感，让产品价值清晰可见。对缺乏专业美工和文案团队的新手商家而言，这是提升转化效率的“隐形杠杆”。

1.2.5 用AI制定新店冷启动期的运营策略

扫码看教学

新店冷启动期是拼多多运营中最关键也最困难的阶段，最头疼的问题是“没流量、没销量、没评价”。拼多多的算法偏向有销量和好评的商品，新店容易陷入“没曝光→没销量→没排名”的死循环。因此，制定一个可行的冷启动策略至关重要。

AI可以帮助商家规划从选品、定价、优惠活动到推广节奏的完整路径，如建议“低价引流款+利润款”组合、设置“买赠”活动、引导好评等，帮助商家快速突破零销量，进入正向循环。相关案例如下。

提示词

我是一个刚在拼多多开店的新手，主营“家用清洁工具”（如拖把、刷子、刮水器），请为我制作一份详细的冷启动运营计划（前30天）。要求包括：如何选择引流款和利润款、定价策略、是否参加平台活动、如何引导用户好评、每日上新节奏，以及如何避免违规处罚。

DeepSeek

以下是为您量身定制的拼多多店铺30天冷启动运营计划：

一、选品与定价策略

1. 引流款（2～3款）：选择高频使用、视觉直观的实用款（如旋转拖把、刮水器），定价为市场价的7折，毛利率控制在10%～15%。

2. 利润款（4～5款）：搭配清洁剂的功能性工具或套装组合，保持30%～40%毛利率。

3. 定价技巧：采用“×.9”尾数定价，设置2～3个SKU（stock keeping unit，最小存货单位）形成价格对比。

二、运营节奏规划

……

专家提醒

该案例中的提示词通过构建一个高度结构化的问题框架，引导AI输出一份系统化、可执行的运营方案。提示词开篇明确身份“刚开店的新手”和主营类目“家用清洁工具”，使 AI 能结合该品类特性提供针对性建议；接着，通过列出引流款与利润款选择、定价策略、平台活动参与、好评引导、上新节奏、违规规避这 6 大核心要素，相当于为 AI 设定了完整的策略维度，避免输出碎片化或偏离重点。这种“身份＋类目＋任务清单”的三段式结构，能够极大提升 AI 响应的准确性和实用性。

第 2 章

店铺美工，AI 助力提升视觉竞争力

学前提示

店铺美工是吸引用户、提升店铺竞争力的关键要素。一个视觉效果出众的店铺，能在众多商家中迅速抓住用户的眼球，增加用户在店铺的停留时间，提高购买转化率。本章将围绕拼多多店铺美工展开介绍，涵盖 AI 制图、AI 智能生成以及无代码装修模板等内容。

要点展示

- **AI 制图：**快速产出店铺视觉素材
- **AI 智能处理：**全方位优化视觉效果
- **无代码装修模板：**高效搭建店铺页面

2.1 AI制图：快速产出店铺视觉素材

在拼多多店铺运营中，视觉内容是用户对店铺的第一印象。优质的图片和视觉呈现效果能有效吸引用户，提升商品点击率和用户购买欲。

AI 制图技术为店铺美工带来了极大便利。通过利用 AI 实现真人图换脸、人台图生成模特展示、产品实物图更换背景等功能，商家可以快速制作出高质量、多样化的视觉素材。本节将详细介绍如何运用 AI 制图功能，一键优化店铺视觉内容，让店铺展示更加专业、吸引人。

2.1.1 真人图制作：通过换脸换背景适配多元场景

扫码
看教学

在拼多多店铺的商品展示中，真人图的质量与适配度直接影响着用户的购买决策。不同的商品需要契合多样的场景来展现其魅力与实用性，然而拍摄各种场景下的真人图成本高昂且耗时费力。

AI 制图功能中的真人图换脸、换背景技术为商家解决了这一难题，它能让同一张真人图快速适配不同年龄段、风格以及室内外等多种场景，极大地丰富了商品展示形式，提升商品吸引力，进而增加店铺流量与销量。具体操作方法如下。

步骤 1 在拼多多商家后台进入“商品管理→商品素材”页面，在“图文素材”选项卡的上方，在“智能生成工具”通栏广告中可以看到智能生成模特图和商品图的相关入口，单击“立即使用”按钮，如图 2-1 所示。

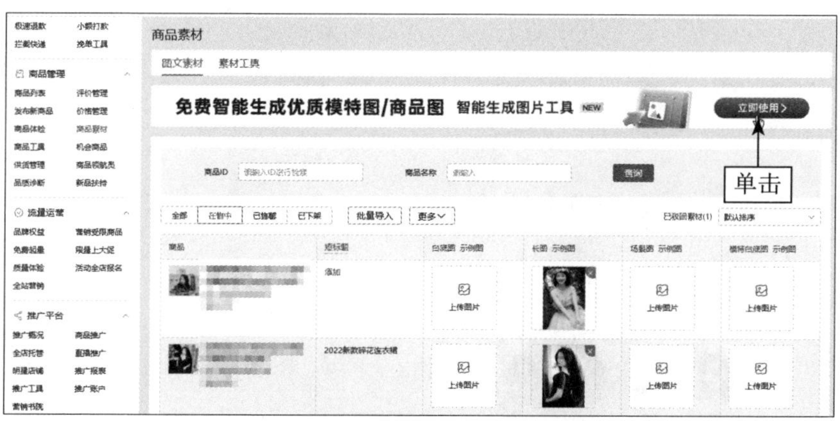

图 2-1　单击“立即使用”按钮

专家提醒

除了上面这个入口，商家还可以在“商品素材”页面中，❶切换至“素材工具”选项卡；❷在“智能生成工具”选项区中单击“立即使用”按钮，如图 2-2 所示，同样可以进入“拼多多智能生成工具”页面。

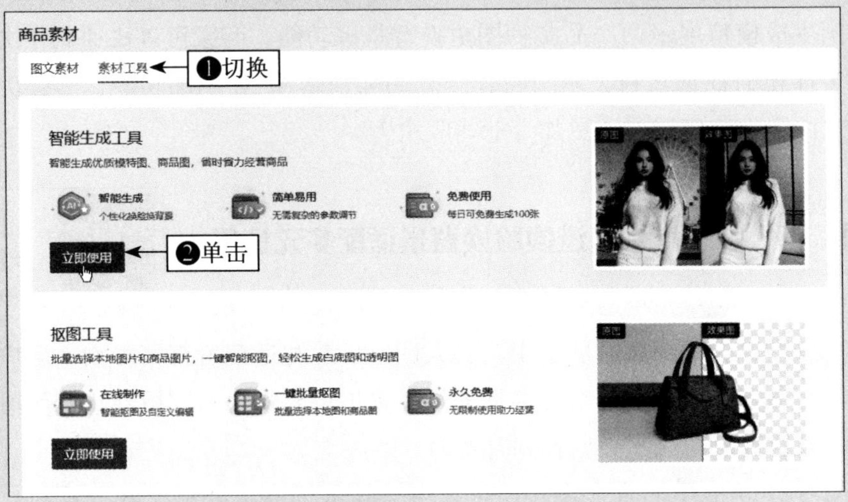

图 2-2　单击“立即使用”按钮

步骤 2　执行操作后，进入“拼多多智能生成工具”页面，在“AI 制图”功能区中，默认选择的上传图片类型为“真人图”，在“上传图片”选项区中，单击“上传本地图片”按钮，如图 2-3 所示。

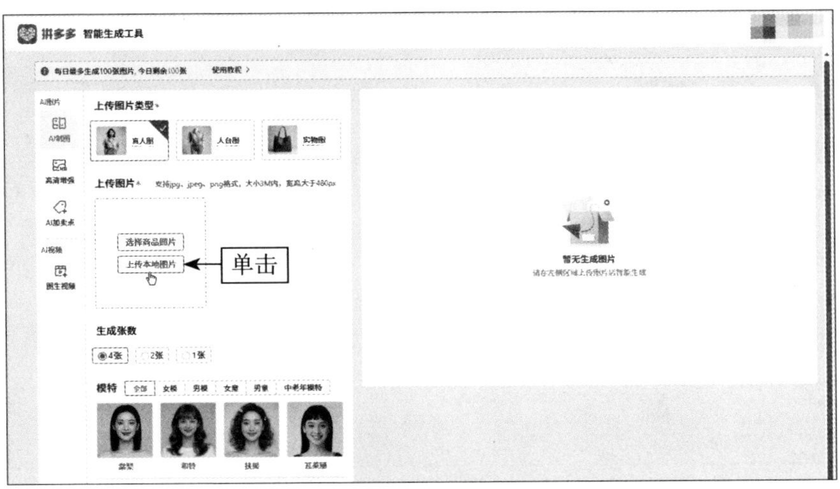

图 2-3　单击“上传本地图片”按钮

步骤 3 执行操作后，弹出“打开”对话框，选择相应的商品图片素材，如图 2-4 所示，确保图片格式为 jpg/jpeg/png，大小在 3MB 以内，宽度和高度均大于 480px。

步骤 4 单击“打开”按钮，即可上传图片素材，同时系统会自动进行抠图处理，如图 2-5 所示。

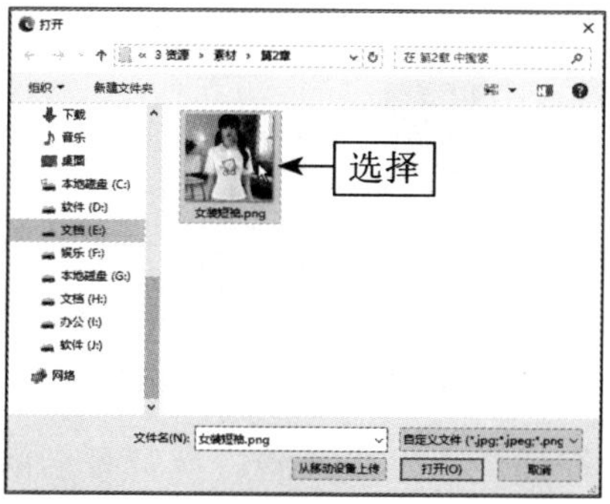

图 2-4　选择相应的商品图片素材

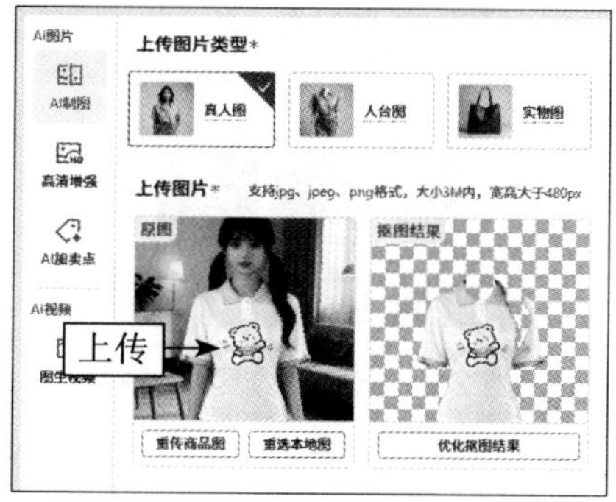

图 2-5　自动进行抠图处理

步骤 5 在“生成张数”选项区中，选中“1 张”单选按钮，如图 2-6 所示，让 AI 生成 1 张图片。最多可以选择同时生成 4 张图片。

步骤 6 在“模特”选项区中，选择一个合适的 AI 模特形象，如图 2-7 所示。目前模特库已包含 130 种不同年龄段与风格的模特，如男模、女模、童模以及室内、室外、纯色等场景风格，商家可根据商品定位和目标用户，挑选合适的模特。

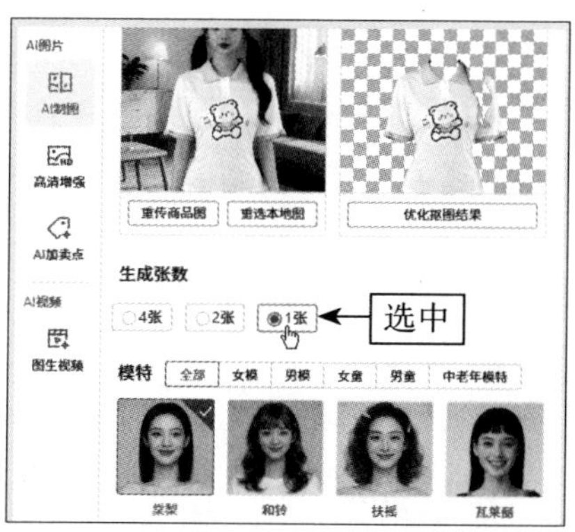

图 2-6　选中“1 张”单选按钮

图 2-7　选择合适的 AI 模特形象

步骤 7 在“场景”选项区中，选择“公园”场景，如图 2-8 所示。像户外服装、休闲鞋、野餐用品等，选择“公园”场景能让商品在自然、放松的氛围中呈现。

步骤 8 设置完成后，单击“智能生成图片”按钮，如图 2-9 所示。

图 2-8　选择“公园”场景

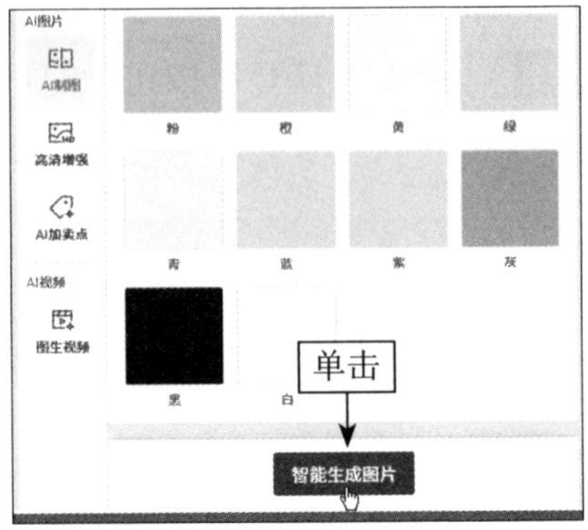

图 2-9　单击“智能生成图片”按钮

步骤 9 执行操作后，系统将自动进行处理，生成换脸、换背景后的新图片，在“图片生成结果”选项区中，可以看到 AI 生成的真人图效果，单击“预览”按钮，如图 2-10 所示。

图 2-10　单击“预览”按钮

专家提醒

单击“上传至图片空间”按钮，将 AI 生成的图片一键上传至图片空间。

步骤 10 执行操作后，即可预览原图与 AI 生成的图片效果，如图 2-11 所示。

图 2-11　预览原图与 AI 生成的图片效果

2.1.2　人台图制作：生成真实感模特图增强展示效果

扫码
看教学

在拼多多店铺的商品展示环节，如何将服装商品以最直观、吸引人的方式呈现给用户是商家面临的重要问题。人台图作为一种常见的展示方式，传统拍摄需要专业的模特、场地等，成本较高且操作复杂。

而 AI 制图功能中的人台图生成模特图技术，为商家提供了便捷高效的解决方案。它能够基于人台图快速生成具有真实感的模特图，让用户更清晰地看到服装的上身效果，增强商品展示效果，提升用户的购买欲望，进而促进店铺销售。下面介绍制作人台图的操作方法。

步骤 1 进入“拼多多智能生成工具”页面，在“AI 制图”功能区中，❶选择“人台图”类型；❷上传相应的图片素材，系统会自动进行抠图处理，如图 2-12 所示。

步骤 2 角度使用默认的“服饰正面”，选择一个合适的 AI 模特形象，如图 2-13 所示。如果是销售年轻女性时尚服装，可选择年轻、时尚的女性模特。

步骤 3 在“场景”选项区中，选择“灰”色的纯色场景，如图 2-14 所示。纯色背景简洁干净，可以更好地突出服装主体。

步骤 4 单击“智能生成图片”按钮，系统将自动进行处理，在“图片生成结果”选项区中，可以看到 AI 生成的具有真实感的模特人台图效果，如图 2-15 所示。

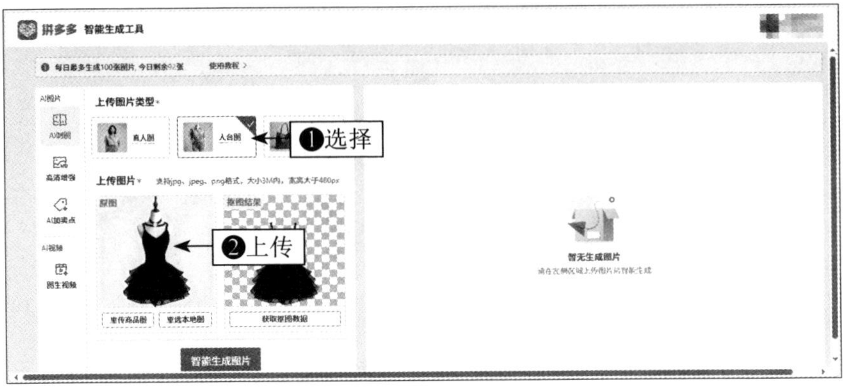

图 2-12　自动进行抠图处理

图 2-13　选择合适的 AI 模特形象

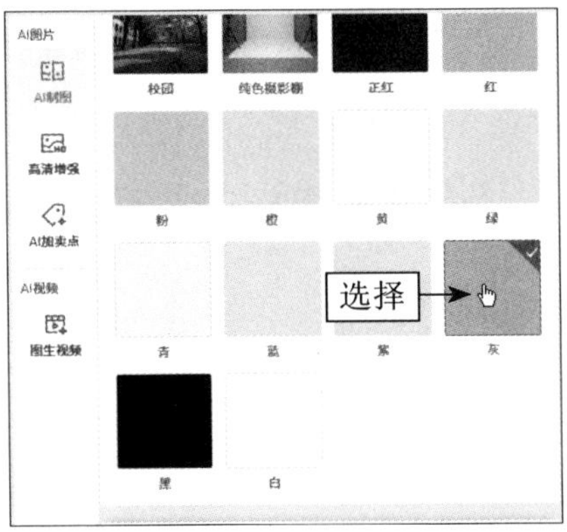

图 2-14　选择“灰”色的纯色场景

图 2-15　生成的具有真实感的模特人台图效果

步骤 5 将鼠标移至人台图的效果缩略图上，单击“预览”按钮，即可预览原图与 AI 生成的图片效果，如图 2-16 所示。

图 2-16　预览原图与 AI 生成的图片效果

2.1.3　实物图制作：更换背景提升商品视觉吸引力

扫码
看教学

在拼多多店铺的商品展示中，实物图是用户了解商品外观、细节的重要依据。然而，原始拍摄的商品实物图可能存在背景杂乱、不美观等问题，影响商品的视觉呈现效果。

通过 AI 制图功能中的实物图更换背景技术，商家可以轻松为实物图换上合适的背景，使商品更加突出，提升商品的视觉吸引力和美观度，从而吸引用户的注意力，提高商品的点击率和购买转化率。相关示例如图 2-17 所示。

图 2-17　实物图更换背景的相关示例

由于制作实物图的操作方法与前面介绍的人台图等 AI 制图操作流程类似，所以这里不再详细描述。大致步骤为：进入“拼多多智能生成工具”页面，❶将“上传图片类型”设置为“实物图”；❷上传需要处理的实物图；❸从系统提供的场景库中选择合适的背景；❹单击“智能生成图片”按钮，待系统处理完成后查看效果并保存使用，如图 2-18 所示。通过简单的操作，就能让实物图焕然一新，为商品展示增添光彩。

图 2-18　实物图更换背景的操作界面

2.2 AI智能处理：全方位优化视觉效果

视觉内容是店铺吸引用户并促成交易的重要因素。在拼多多店铺美工中，高质量的商品描述、卖点提炼等视觉内容能够更好地向用户传达商品价值。

拼多多的智能生成工具可以辅助商家实现图片高清增强、为商品图片添加卖点、商品图片抠图处理等操作。借助 AI 的智能处理能力，商家能够更高效地创作出优质的视觉内容，提升店铺内容的质量和吸引力，从而在众多店铺中赢得用户的青睐。本节将深入介绍如何利用拼多多智能生成工具优化店铺的视觉效果。

2.2.1　AI 高清增强：提升素材清晰度与分辨率

扫码
看教学

在拼多多店铺运营中，商品图片和素材的清晰度与视觉效果至关重要。模糊、低分辨率的素材会降低用户对商品的好感度和信任度，影响商品的点击率和转化率。

高清增强功能凭借先进的 AI 技术，能够智能识别并优化素材细节，有效提升素材的清晰度和分辨率。无论是商品主图、详情页广告图还是其他推广素材，经过 AI 高清增强处理后，都能以更清晰、更生动的形象展示给用户，增强商品的吸引力，帮助商家在激烈的电商竞争中脱颖而出。具体操作方法如下。

步骤 1 进入“拼多多智能生成工具”页面，❶切换至“高清增强”功能区；❷上传相应的图片素材；❸设置“高清倍数”为“4 倍”，如图 2-19 所示。商家可根据实际需求选择合适的倍数，以提升图片的清晰度和分辨率。

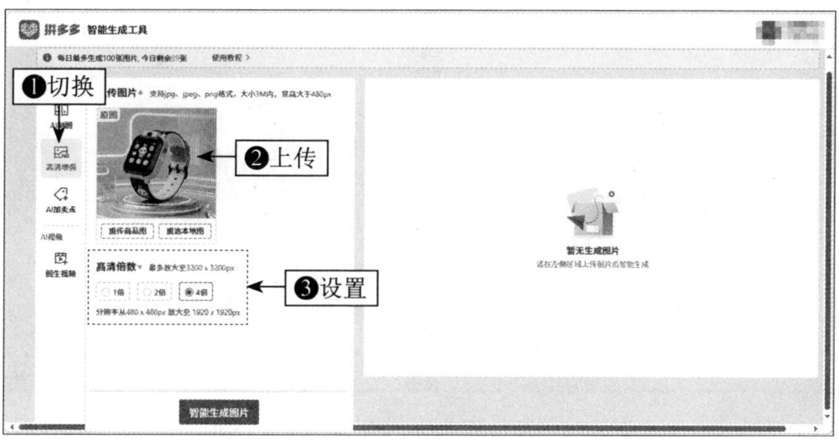

图 2-19　上传图片并设置“高清倍数”

> **专家提醒**
>
> 商家可单击“选择商品图片”按钮从商品素材库中选择，或单击“上传本地图片”从本地电脑上传需要增强清晰度的图片。

步骤 2 单击“智能生成图片”按钮，系统将自动运用 AI 技术对图片进行放大处理，处理完成后，生成的高清图片效果会展示在右侧的“图片生成结果”选项区中，如图 2-20 所示。

图 2-20 生成高清图片效果

步骤 3 将鼠标移至效果缩略图上，单击“预览”按钮，即可预览原图与 AI 生成的图片效果，如图 2-21 所示。

图 2-21 预览原图与 AI 生成的图片效果

2.2.2 AI 卖点添加：精准标注商品的核心优势

扫码看教学

用户在拼多多上搜索并浏览商品时，往往希望快速了解商品的核心优势和特色。因此，商家需要将商品卖点清晰、突出地展示出来，以便快速吸引用户。

AI 加卖点功能利用先进的人工智能技术，能够自动识别商品图片内容，并结合丰富的卖点图风格和自定义文案功能，精准地为商品添加卖点标签。这不仅节省了商家手动制作卖点图的时间和精力，还能确保卖点呈现的准确性和吸引力，帮助商品在众多竞品中脱颖而出，有效提升商品的转化率。具体操作方法如下。

步骤 1 进入“拼多多智能生成工具”页面，切换至“AI 加卖点”功能区，如图 2-22 所示。

步骤 2 在“上传图片”选项区中，单击“选择商品图片”按钮，如图 2-23 所示。

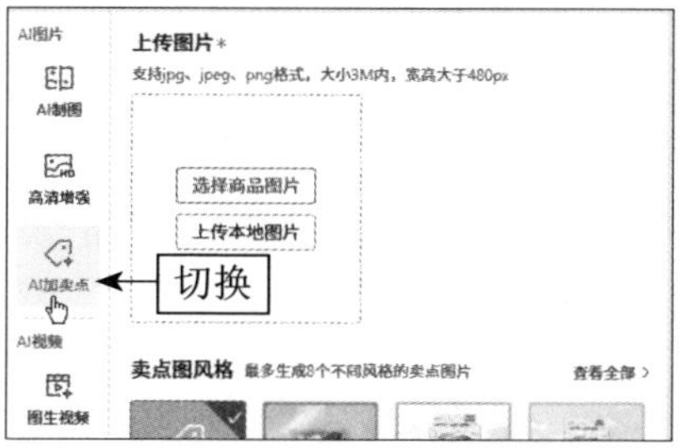

图 2-22　切换至“AI 加卖点”功能区

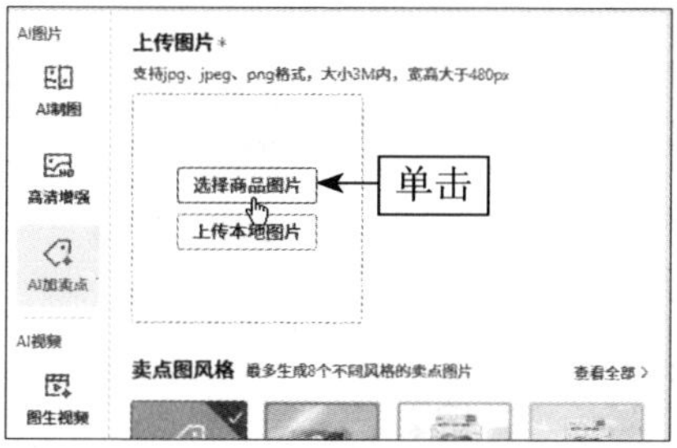

图 2-23　单击“选择商品图片”按钮

步骤 3 执行操作后，弹出“选择商品图片”对话框，从商品素材库中选择需要添加卖点的商品图片，如图 2-24 所示。

图 2-24　选择需要添加卖点的商品图片

步骤 4 单击“确认”按钮，即可上传相应的图片素材，如图 2-25 所示。

步骤 5 在“卖点图风格”选项区中，系统提供了多种不同风格的卖点图模板，如智能推荐、简约风、活泼风等，最多可生成 8 张不同风格的卖点图片，商家可以根据商品特点和目标受众选择合适的卖点图风格，如图 2-26 所示。

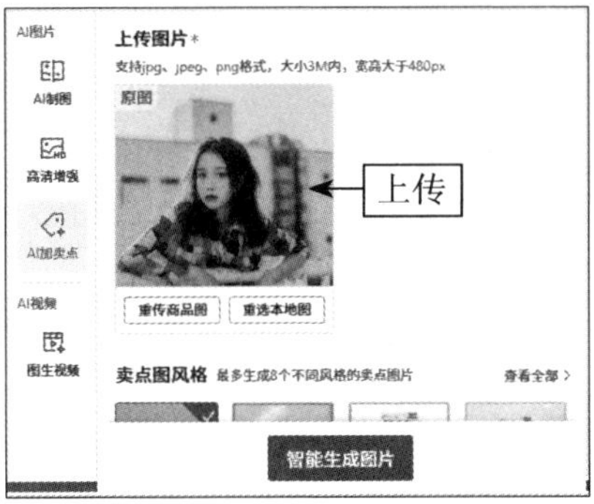

图 2-25　上传相应的图片素材

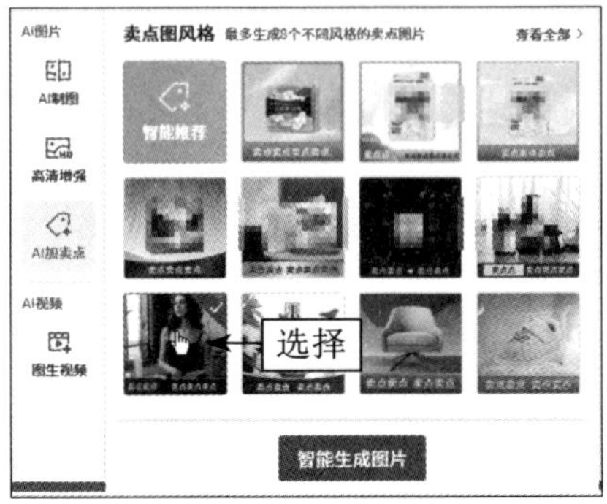

图 2-26　选择合适的卖点图风格

专家提醒

在“卖点图风格”选项区中单击“查看全部”按钮，弹出相应对话框，能展示更多风格，方便商家全面挑选契合商品的卖点图样式。

步骤 6 选择卖点图风格后，在“自定义卖点文案”下方的输入框中，系统会自动添加一些卖点文案，如图 2-27 所示。精准、简洁的卖点文案能够更好地吸引用户的注意力，突出商品优势。

步骤 7 商家也可以输入自定义的商品核心卖点文案，或者单击下方 AI 推荐的文案标签进行添加，如图 2-28 所示。注意，最多可添加 5 个卖点文案，每个卖点不超过 10 个字符。

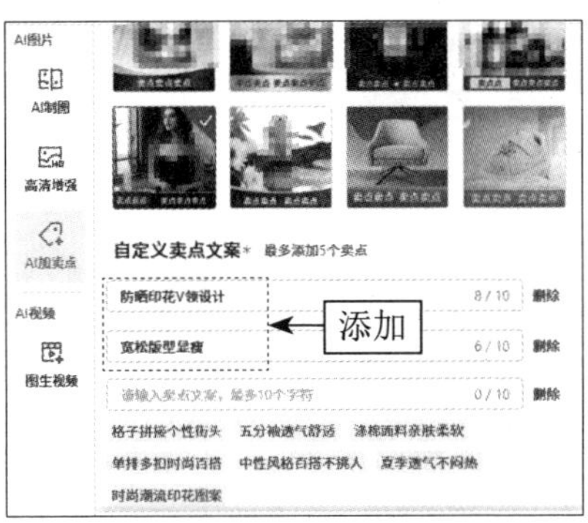

图 2-27　系统自动添加的卖点文案

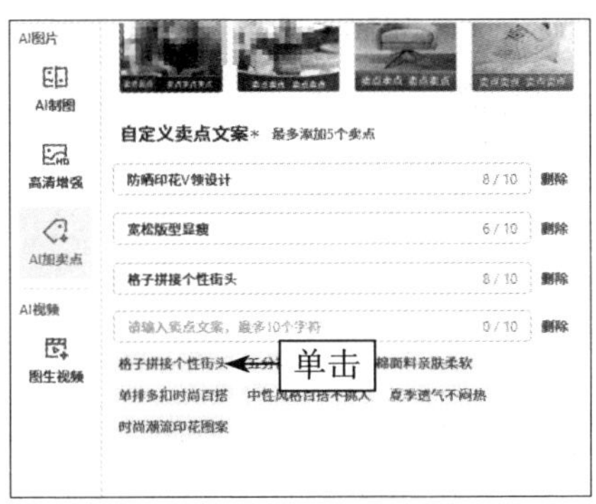

图 2-28　单击 AI 推荐的文案标签进行添加

步骤 8 单击“智能生成图片”按钮，系统将运用 AI 技术自动为商品图片添加卖点标签，并生成带有卖点文案的图片，如图 2-29 所示。

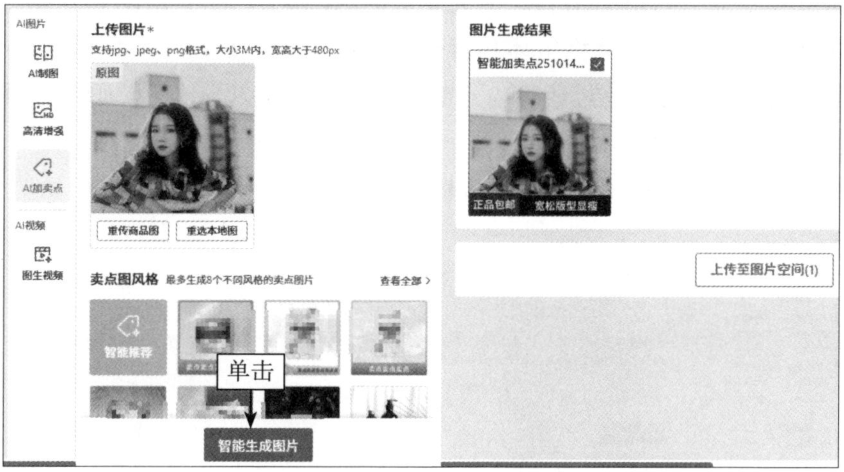

图 2-29　生成带有卖点文案的图片

步骤 9 将鼠标移至效果缩略图上，单击“预览”按钮，即可预览原图与 AI 生成的图片效果，如图 2-30 所示。

图 2-30　预览原图与 AI 生成的图片效果

2.2.3　AI 抠图优化：高效获取干净的素材主体

扫码
看教学

在拼多多店铺的商品素材处理中，抠图是一项常见且关键的操作。传统抠图方式不仅耗时费力，还对操作人员的技术有较高要求，尤其对于细节复杂的商品图片，抠图效果往往不尽如人意。

而拼多多推出的抠图工具，借助先进的 AI 算法，能够自动识别图片中的商品主体，快速、精准地将主体从背景中分离出来，帮助商家高效获取干净、整洁的商品主体素材，而且还可以一键生成商品白底图。具体操作方法如下。

步骤 1 在拼多多商家后台进入“商品管理→商品素材→素材工具”页面，在“抠图工具”选项区中，单击“立即使用”按钮，如图 2-31 所示。

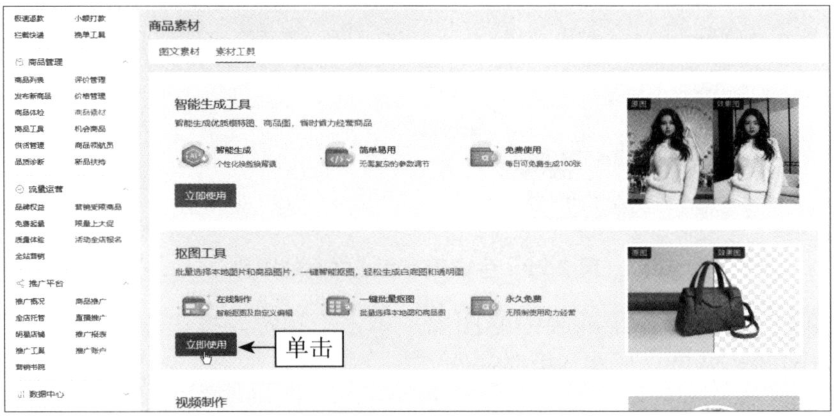

图 2-31　单击“立即使用”按钮

步骤 2 执行操作后，进入“拼多多抠图工具”页面，有两种上传图片的方式，商家可以单击“选择商品图片”按钮从商品素材库中选择需要抠图的图片，也可以单击“上传本地图片”按钮，从本地电脑中选取图片进行上传，如图 2-32 所示。同时，商家还可以批量上传图片进行抠图处理，但单次上传的图片不能超过 20 张。

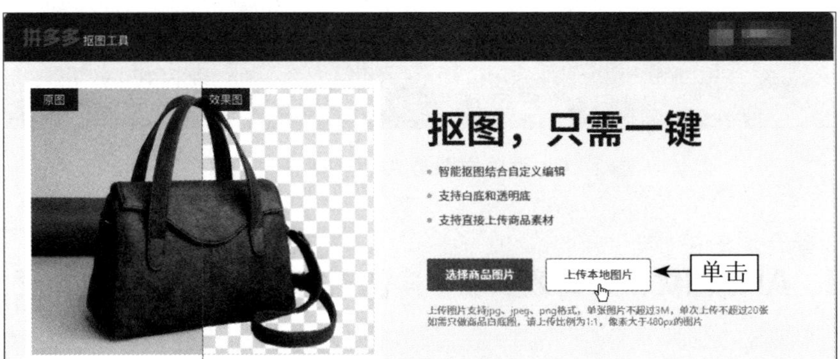

图 2-32　单击“上传本地图片”按钮

步骤 3 上传图片后，系统会自动运用 AI 技术进行抠图处理，“背景颜色”默认使用的是“透明”模式，即商品主体背景为透明，如图 2-33 所示。

步骤 4 选中“白底”单选按钮，系统会将抠出的商品主体置于白色背景上，生成商品白底图，如图 2-34 所示。很多电商平台偏爱商品白底图，因其能排除背景干扰，使商品主体更突出，让用户清晰聚焦商品细节。

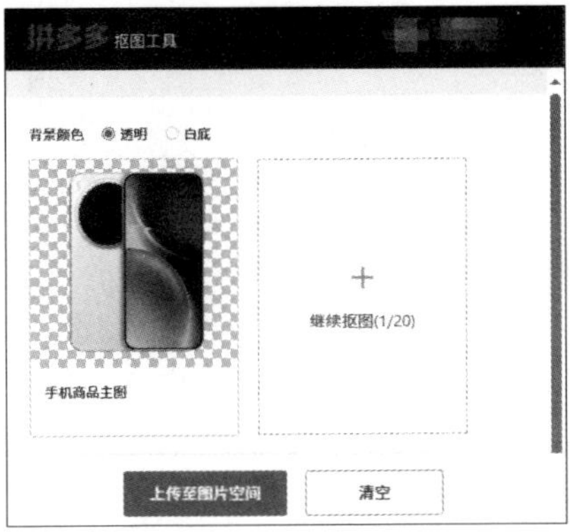

图 2-33　生成透明背景图

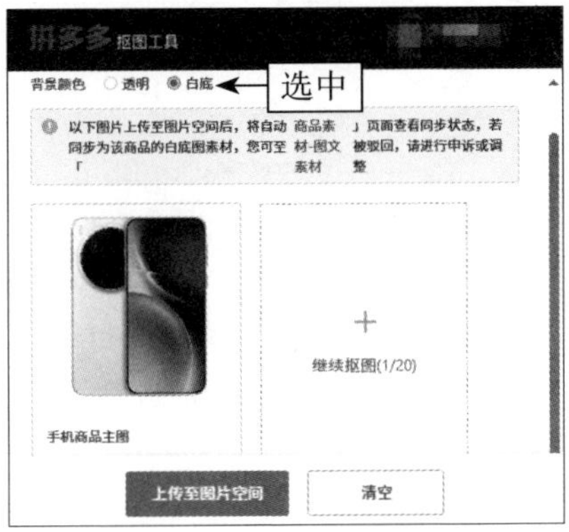

图 2-34　生成商品白底图

2.3 无代码装修模板：高效搭建店铺页面

对于许多拼多多商家来说，搭建一个美观且功能完善的店铺可能面临技术难题。无代码装修模板的出现解决了这一困扰，它让商家无须编写代码，就能轻松搭建完美店铺。本节将介绍如何利用无代码装修模板，轻松搭建出具有吸引力和竞争力的拼多多店铺页面，提升店铺运营效率。

2.3.1 店铺首页设计：官方高转化率模板一键装修

扫码
看教学

店铺首页作为用户进入店铺后第一眼看到的页面，其设计质量直接影响着用户的购物体验和对店铺的整体印象。一个吸引人且布局合理的店铺首页，能够有效提升用户的停留时间和购买转化率。

对于许多商家而言，设计一个专业的店铺首页可能面临设计能力不足、时间成本较高等问题。拼多多的店铺首页一键装修功能，提供了很多官方高转化率模板，商家无须掌握专业设计技能，只需简单操作，即可快速完成店铺首页的装修，打造出具有吸引力和高转化率的店铺页面，提升店铺的竞争力和销售业绩。具体操作方法如下。

步骤 1 在拼多多商家后台进入“店铺管理→店铺装修”页面，在“店铺首页”选项卡的“一键装修”通栏广告中，单击“立即使用”按钮，如图 2-35 所示。

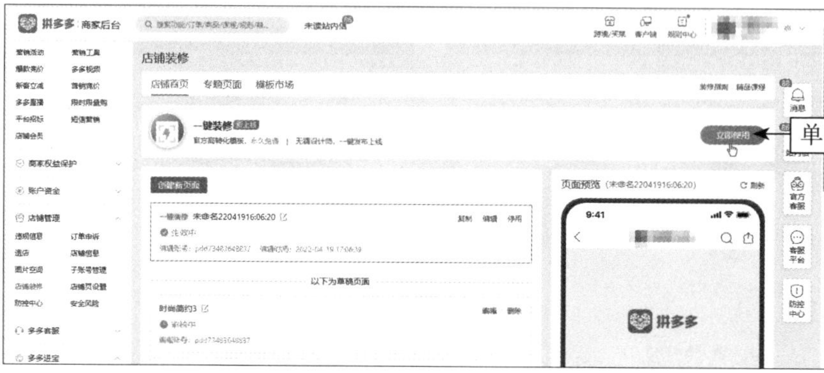

图 2-35　单击“立即使用”按钮

专家提醒

商家也可以单击“创建新页面”按钮，在弹出的“创建新页面”对话框中选择“一键装修”选项，从而进入“拼多多一键装修”页面。

步骤 2 执行操作后，进入“拼多多一键装修”页面，商家可以在“主标题”和“副标题”输入框中，输入相应的标题内容，也可以单击“从文案库选择”按钮，如图 2-36 所示。

图 2-36　单击“从文案库选择”按钮

专家提醒

装修模板默认使用的是“千人千面”的商品展示方式，系统会根据用户特征，智能推荐近 30 天内有销量或新上架的商品；商家也可以切换至“自定义”选项卡，自行选择要展示的商品。

步骤 3 执行操作后，弹出“从文案库选择”对话框，商家可以在此选择适合的店铺主标题和副标题文案，如图 2-37 所示。

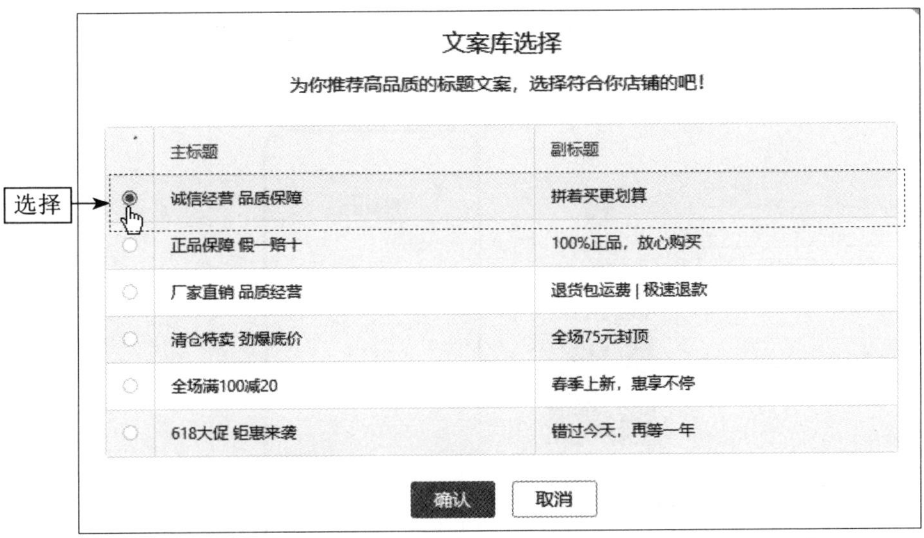

图 2-37　选择适合的店铺主标题和副标题文案

步骤 4 单击“确认”按钮，即可添加主标题和副标题文案，系统会根据商家选择的商品和标题，生成多个店铺装修方案，每个方案都有不同的布局和展示效果，选择合适的方案后，将鼠标移至方案预览图上方，单击“预览”按钮，如图 2-38 所示。

步骤 5 执行操作后，即可查看店铺装修方案的展示效果，商家确定好装修方案后，可以单击该方案下方的“采用此装修”按钮，如图 2-39 所示。

步骤 6 执行操作后，在弹出的提示框中，显示“生效中”，表示店铺首页装修已开始生效，如图 2-40 所示。同时，商家可以通过“拼多多扫码预览”功能，使用手机扫描二维码查看店铺首页在手机端的实际效果。确认无误后，店铺首页装修即完成并正式上线展示给用户。

图 2-38　单击“预览”按钮

图 2-39　单击“采用此装修”按钮

图 2-40　提示店铺首页装修已开始生效

2.3.2　专题页面设计：丰富装修功能塑造多样店铺

扫码
看教学

专题页面作为店铺中用于特定活动、产品推广或主题展示的重要部分，能够为用户带来新颖且有针对性的购物体验。拼多多商家后台的专题页面设计功能，凭借其丰富的装修功能，为商家提供了塑造多样化店铺的强大工具。

通过专题页面设计功能，商家可以根据不同的营销目标、季节热点或产品特性，轻松创建出风格各异、内容丰富的专题页面，从而有效提升店铺的视觉效果和用户的购物体验，进一步提升销售转化率。下面介绍设计专题页面的操作方法。

步骤 1 在拼多多商家后台进入“店铺管理→店铺装修”页面，❶ 切换至“专题页面”选项卡；❷ 单击“新建页面”按钮，如图 2-41 所示。

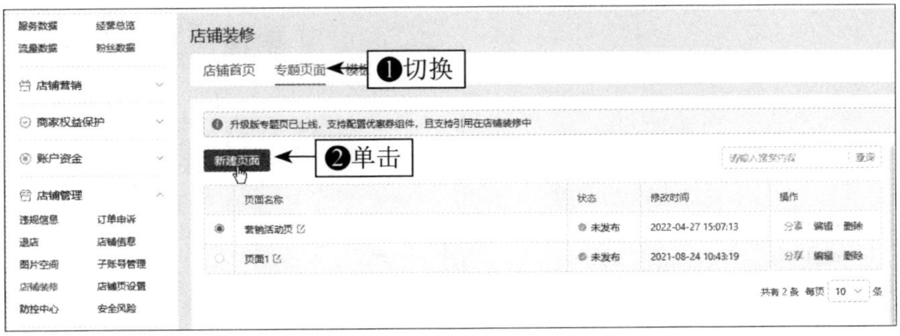

图 2-41　单击“新建页面”按钮

步骤 2 执行操作后，弹出“创建专题”对话框，❶ 输入相应的“专题名称”，如“分类专区”；❷ 单击“确认”按钮，如图 2-42 所示，完成新专题页面的创建。

步骤 3 进入“拼多多专题装修”页面，在左侧的“图片组件”选项区中选择“轮播图片”组件，将其拖曳至中间画布的对应位置，如图 2-43 所示。

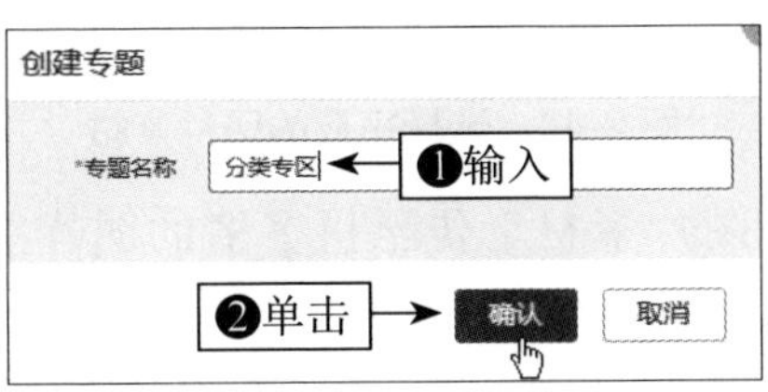

图 2-42　单击“确认”按钮

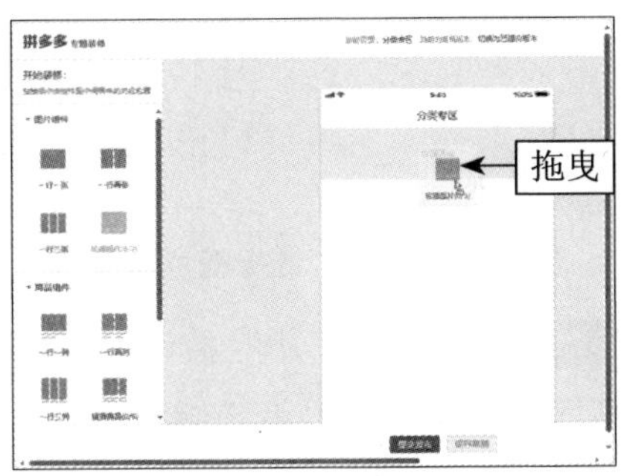

图 2-43　拖曳“轮播图片”组件

步骤 4 添加“轮播图片”组件后，在右侧的“轮播图片”面板中，单击“图片 1”选项区中的“上传图片”按钮，如图 2-44 所示。

> **专家提醒**
>
> 轮播图片能在有限空间内，展示多款商品或不同宣传内容，提升信息传达效率。例如，可轮播展示店铺的爆款商品、促销活动、新品预告等。通过吸引人的图片和动态切换效果，能有效抓住用户注意力，增加商品曝光度，引导用户进一步了解商品详情，进而促进购买行为，提升店铺的销售业绩。

步骤 5 弹出“图片空间”对话框，可以选择已有的图片，也可以单击“本地上传”按钮，如图 2-45 所示，从本地电脑中选择合适的图片上传。

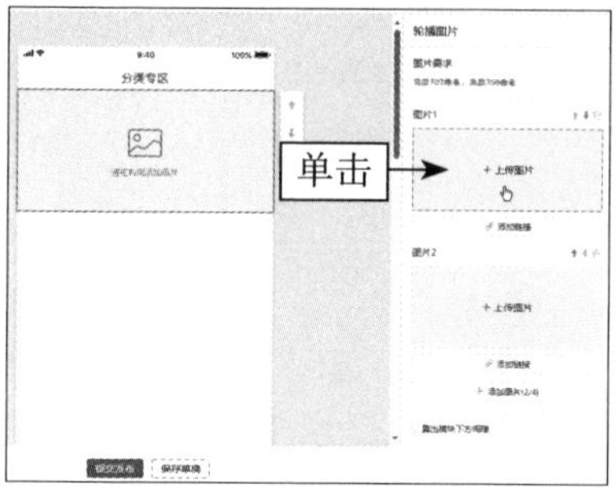

图 2-44　单击“上传图片”按钮

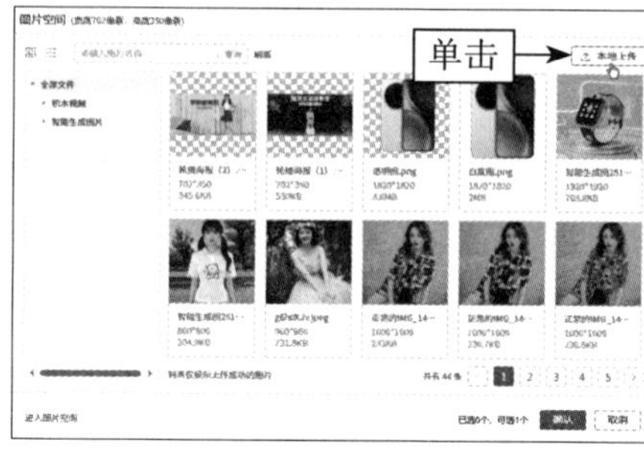

图 2-45　单击“本地上传”按钮

步骤 6 弹出“选择文件”对话框，单击“选择图片”按钮，如图 2-46 所示。

步骤 7 弹出“打开”对话框，选择相应的图片素材，如图 2-47 所示。

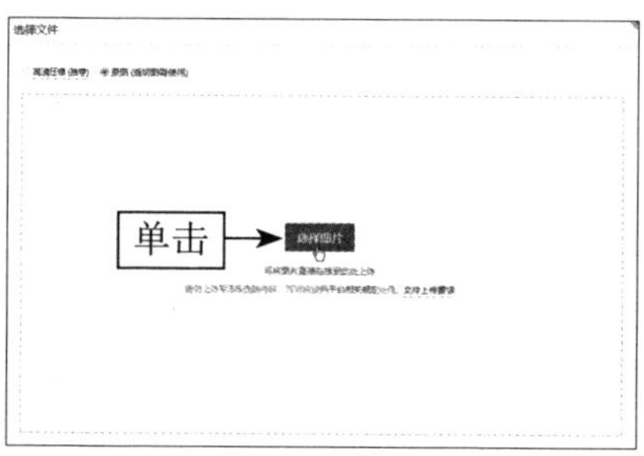

图 2-46　单击“选择图片”按钮

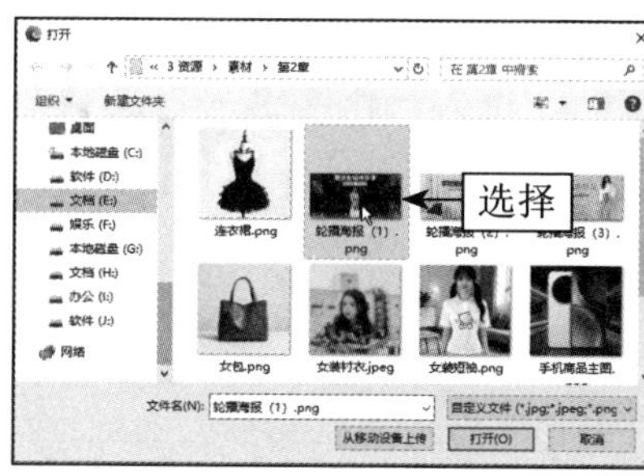

图 2-47　选择相应的图片素材

步骤 8 单击“打开”按钮，即可将图片素材上传至拼多多的图片空间，并自动选中该图片，单击“确认”按钮，如图 2-48 所示。

步骤 9 执行操作后，即可添加轮播图片，如图 2-49 所示。

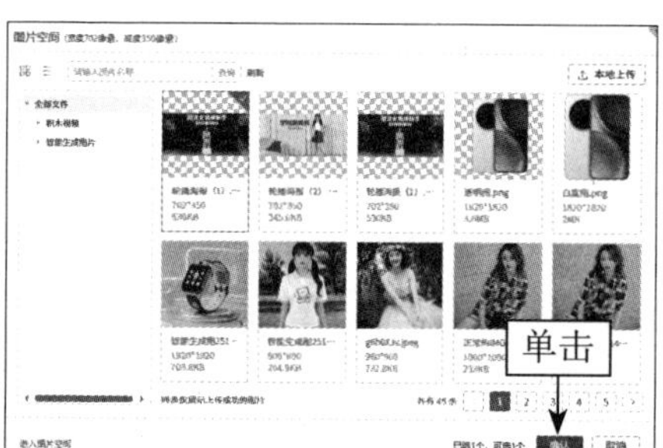

图 2-48　单击“确认”按钮

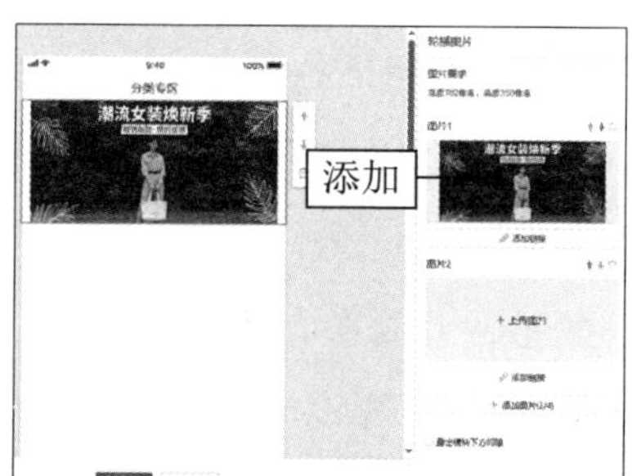

图 2-49　添加轮播图片

步骤 10 使用相同的操作方法，再添加两张轮播图片，如图 2-50 所示。

步骤 11 在左侧的“商品组件”选项区中选择“一行一列”组件，将其拖曳至中间画布的对应位置，如图 2-51 所示。

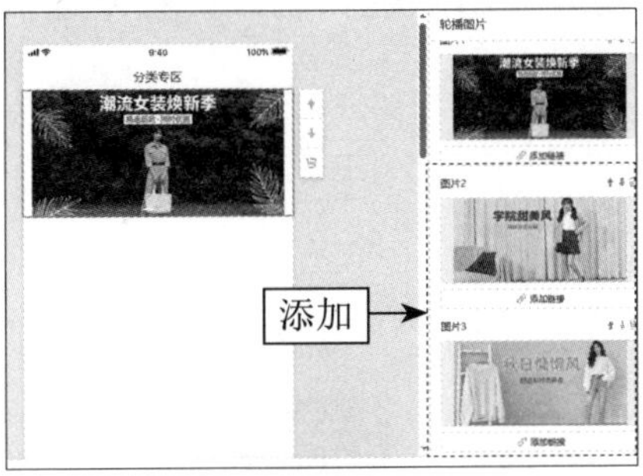

图 2-50　添加两张轮播图片

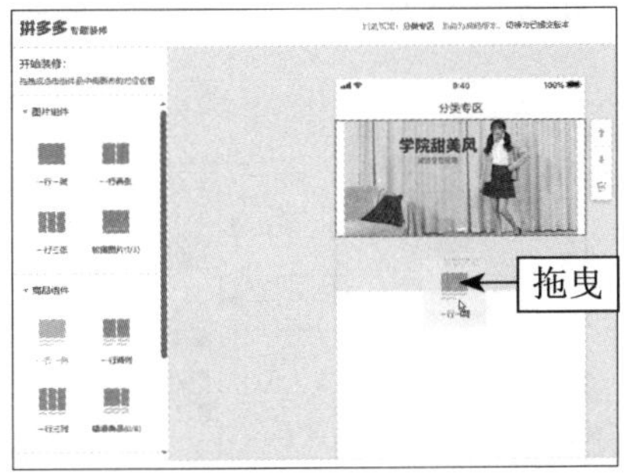

图 2-51　拖曳“一行一列”组件

专家提醒

商品组件为商家提供了展示商品的有效方式，能将商品以直观、有序的形式呈现在专题页面上。通过商品组件，商家可以清晰展示商品的图片、价格、库存等重要信息。用户能快速浏览和了解商品概况，方便筛选自己感兴趣的商品。这不仅能提升用户的购物体验，还能增加商品曝光量，吸引用户点击查看详情，进而促进购买，有效提升店铺的转化率和销售额，是店铺运营中不可或缺的工具。

步骤 12 添加“一行一列”组件后，在右侧的“一行一列”面板中，单击“添加商品”按钮，如图 2-52 所示。

步骤 13 弹出“选择商品”对话框，可以通过输入 ID（identity document，身份证件）或名称搜索商品，也可以在商品列表中选中要添加的多个商品，如图 2-53 所示。

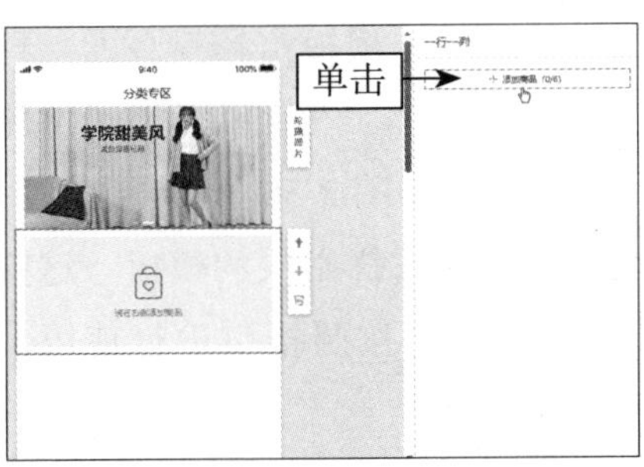

图 2-52　单击“添加商品”按钮

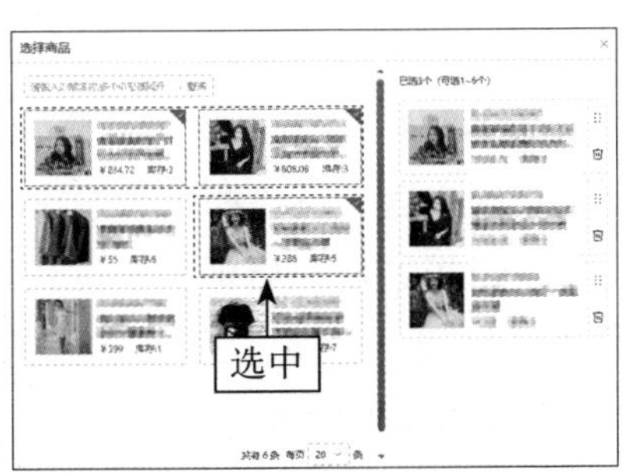

图 2-53　选中要添加的多个商品

步骤14 单击“确定”按钮，即可在专题页面中添加多个商品，如图 2-54 所示。

步骤15 单击“提交发布”按钮，弹出信息提示框，提示“页面发布成功”，如图 2-55 所示，商家可以复制链接或者用手机扫码，查看专题页面的效果。

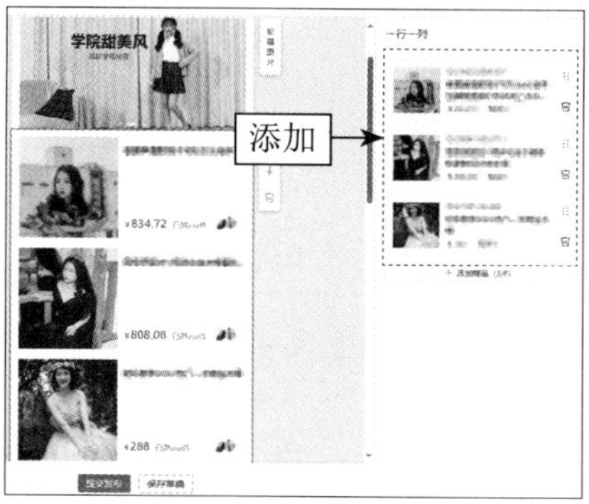

图 2-54　添加多个商品

图 2-55　提示“页面发布成功”

2.3.3　模板市场订购：设计万千，总有一款适合你

扫码
看教学

在拼多多店铺运营中，一个美观且专业的店铺页面设计对于吸引用户、提升品牌形象和促进销售转化起着至关重要的作用。然而，对于许多商家来说，设计一个独特且具有吸引力的店铺页面并非易事，这不仅需要投入大量的时间和精力，还可能需要专业的设计技能。

拼多多的模板市场为商家提供了丰富的店铺装修模板选择，涵盖了各种风格、主题和行业，无论你是经营服装、美妆、家居还是其他品类，总有一款适合你的店铺，帮助商家轻松打造出令人眼前一亮的店铺页面。

在拼多多商家后台进入“店铺管理→店铺装修→模板市场”页面，可以看到各种分类的模板，如按照类目分为女装 / 女士精品、男装、运动服 / 休闲服等，还有不同主题、风格和色系的模板可供筛选，如图 2-56 所示。

商家可以根据自己店铺的定位和需求，浏览并选择心仪的模板。这些模板大多为收费模式，如图 2-57 所示，选择订购后即可按照指引进行使用，为自己的店铺换上崭新的“面貌”。

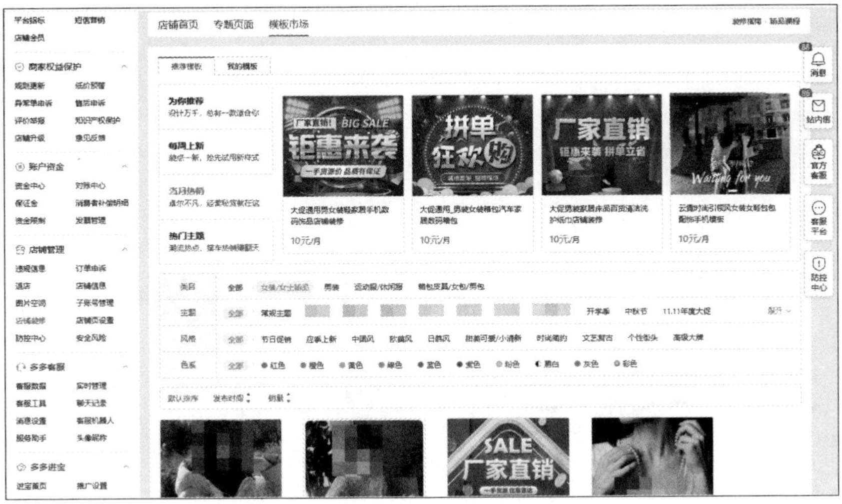

图 2-56　“模板市场”页面

图 2-57　模板大多为收费模式

第 3 章

客服运营，AI 提效与客户服务升级

学前提示

随着拼多多店铺数量的增长，有两个问题日益凸显，一是店铺间的竞争越来越大，商家的生存发展变得越来越难；二是市场需要大量客服人员，而客服的素质却参差不齐。因此，商家不仅要掌握传统的客服运营技巧，还要善于利用 AI 打造懂用户、会销售的金牌客服，让店铺的销售额和口碑双双提升。

要点展示

- **学会沟通：**帮客服更好地促成交易
- **AI 赋能：**解锁客服运营的高效密码

3.1 学会沟通：帮客服更好地促成交易

用户都是“要面子”的，如果客服能够在把握其心理的基础上，采取相应的对策，那么推销商品将变得更加有针对性，而用户也更容易对客服留下好印象。对于店铺客服来说，沟通就是一门语言的艺术。在与用户沟通的过程中，客服只有灵活地进行表达，让用户觉得更舒服，才能更好地促成交易，提高产品的成交率。

3.1.1 分析心理：知道用户心中所想

用户在沟通时的表达，实际上是其心理的一种反映。如果客服能够分析用户的心理，知道用户心中所想，那么沟通将变得更加简单有效。

用户在购物过程中的心理是多种多样的，一旦客服处理不好，就有可能失去用户。但是，用户的心理也是有迹可循的，客服只需根据用户的心理，采取相应的沟通技巧，便可以游刃有余地进行沟通，获得用户的好感。相关技巧如下。

1. 满足用户的心理需求

用户之所以和客服进行沟通，除了让客服充当产品推介者之外，可能对沟通本身还会有一定的心理需求。例如，有的用户可能希望客服能够足够尊重自己；有的用户希望客服能够根据自己的要求，准确地推荐产品，从而更快地找到适合的产品，提高购物的效率。

对于希望得到尊重的用户，客服要使用礼貌用语、认真倾听；对于追求高效推荐的用户，客服要迅速理解要求并精准推荐。只有满足用户这些心理需求，才能让用户在购物中感受到贴心服务，进而提升用户的满意度和忠诚度。

2. 用情感牌打动用户

通常来说，如果用户是第一次在某店铺购物，那么他对接待他的客服是一无所知的。也正是因为这份陌生感，用户很可能会担心客服是在忽悠自己购物，并时时对客服产生防备心理。

想象一下，用户原本怀揣着购物的期待进入店铺，却因为对客服的不信任而空手而归，这对于客服来说，无疑是一次失败的沟通，想要达到销售目标自然也就变成了一件难上加难的事情。

其实，人是一种情感动物，只要他还能接收你的情感讯号，那么只要你与之建立情感联系，打好感情牌，他就会因为与你慢慢熟识而逐渐卸下防备心，甚至把你当成他的朋友，并出于信任，放心地购买你推荐的产品。客服与用户情感联系的构建可分为 3 个层次，具体如图 3-1 所示。

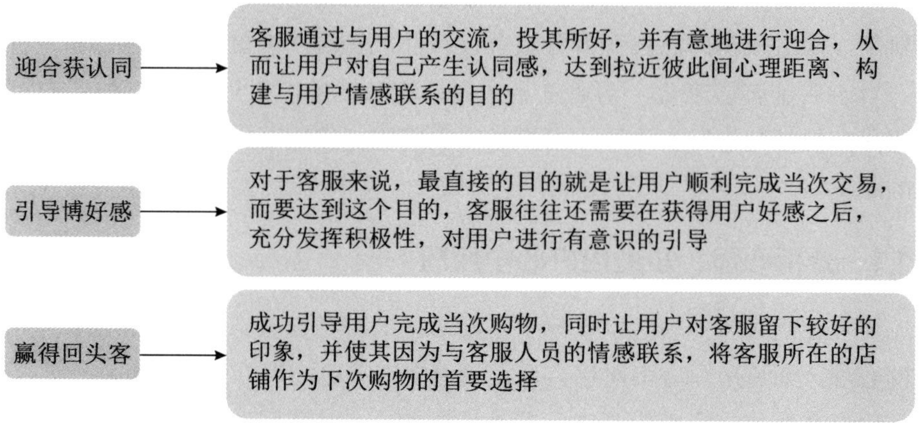

图 3-1　客服与用户构建情感联系的 3 个层次

3. 必须给予足够的重视

谁都是要面子的，用户自然也不例外。而面子反映到人与人的沟通中，实际上就是足够的重视。当用户就相关问题向客服询问时，他必然会有一种希望得到足够重视的心理需求。

此时，如果客服能满足用户渴望获得重视的心理需求，那么用户就会觉得你是“给他面子”的。而这样一来，用户就有可能对客服多一分好感，而对你说的话也就更容易听得进去。

4. 不要随便拒绝顾客

除了自身有需求之外，许多用户之所以最终选择购买某个店铺的产品，是因为该店铺以及客服给他留下了较好的印象。所以，客服在服务过程中需要尽可能地让用户心里感觉舒坦，通过服务给用户留下好印象。

对于一般的客服来说，当用户的要求不合理时，可能想的更多的就是如何快点打发了。但是，金牌客服则会通过提供合理建议让用户感受到善意，进而让用户从路人转化为店铺或产品的回头客，甚至充当产品宣传员。这便是一般客服与金牌客服之间的差距。

所以，即便用户提出的要求有些过分，客服也不应该直接拒绝。当然，不直接拒绝也不代表要一味顺从用户。对于用户提出的一些不合理要求，客服可以用相对委婉的回答进行化解。

5. 把握心理，对症下药

人的心理是复杂的，用户在与客服沟通的过程中可能同时呈现出多种心理，也有可能会由一种心理变为另一种心理。而客服要想提高沟通的成功率，就需要把握用户的具体心理，对症下药，制定更有针对性的沟通策略。

3.1.2　产品介绍：突出特色，增强吸引力

部分用户在购买产品之前，之所以会与客服进行交流，就是因为他们还未下定购物的决心，或者说你的产品还没有足够打动他。所以，此时客服的产品介绍就显得尤为重要了。如果客服懂得结合用户的需求突出产品的特色亮点，则更容易吸引用户下单。相关技巧如下。

1. 产品描述的要点

在做一件事时，如果能够掌握要点，便可以获得事半功倍的效果。产品描述也是如此。客服在描述产品的过程中，主要有 4 个要点，如图 3-2 所示。

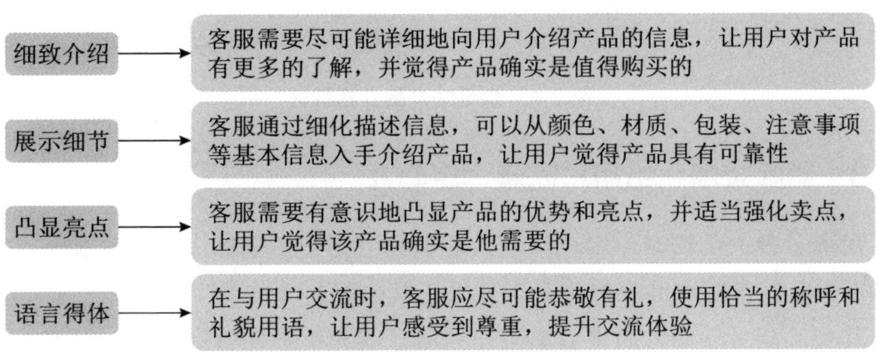

图 3-2　描述产品的 4 个要点

2. 有技巧地进行介绍

产品介绍就好比是射击，如果客服毫无针对性地进行介绍，就相当于是在胡乱射击，那样不仅会浪费大量的时间和精力，还会让用户觉得客服的水平不行。所以，在介绍产品的过程中，客服有必要掌握一定的技巧，让自己的表达更能打动用户。相关技巧如图 3-3 所示。

3. 常见的产品介绍雷区

客服在介绍产品的过程中，有一些禁忌，或者说是雷区，是不可触犯的。下面对 5 种常见的产品介绍雷区（如图 3-4 所示）进行说明，希望可以在警示之余，让客服更好地避免“触雷”。

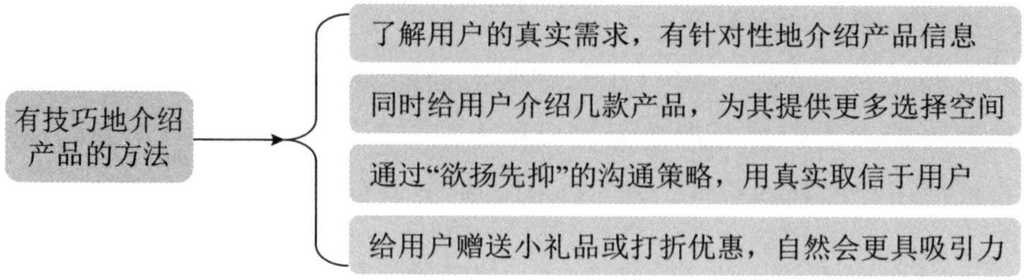

图 3-3　有技巧地介绍产品的方法

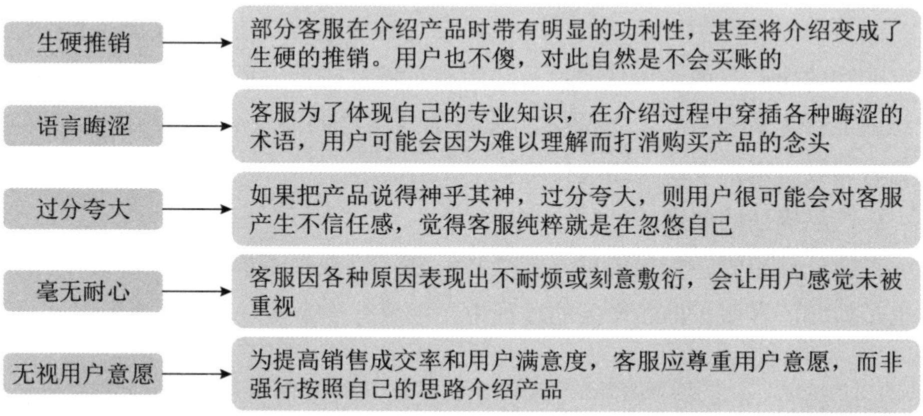

图 3-4　常见的产品介绍雷区

3.1.3　消除疑虑：给用户吃颗“定心丸”

在拼多多上购物时，用户毕竟只能看到一些产品信息，而无法亲眼查看产品。所以，用户对产品有疑虑是一件很正常的事。

其实，从另一个方面来看，用户之所以就相关疑虑咨询客服，很可能就是因为他对产品有需求。因此，如果客服能够消除用户的疑虑，给用户吃颗“定心丸”，便有可能迎来成交率的直线上升。消除疑虑的相关技巧如下。

1. 对产品本身的疑虑

因为网购时用户是无法亲自检验产品的，所以许多用户在售前沟通过程中都会表现出对于产品本身的疑虑，如担心产品的质量不过关、尺寸不标准、品牌不可信、款式已过时等。对此，客服需要做的就是根据用户的疑虑对症下药，让用户对产品多一分信心，具体方法如图 3-5 所示。

2. 对物流运输的疑虑

部分用户还会有物流运输相关的疑虑，这会直接影响用户下单的决心，客服需要做的就是向用户说清楚，做好必要的保障，消除用户的疑虑，如图 3-6 所示。

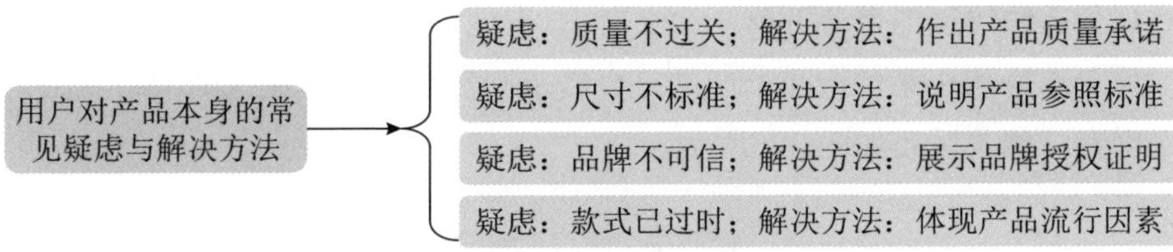

图 3-5　用户对产品本身的常见疑虑与解决方法

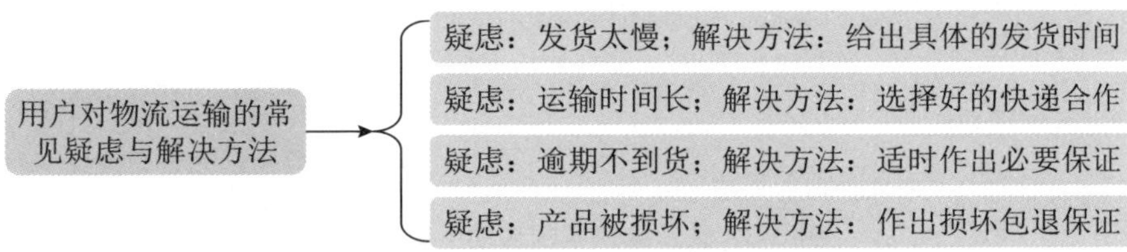

图 3-6　用户对物流运输的常见疑虑与解决方法

3. 对售后服务的疑虑

与在实体店购物不同，在拼多多网购过程中如果出现了问题，用户通常不可能直接去店铺要说法。所以，为了让购物多一分保障，在与客服沟通过程中，用户可能会询问一些关于售后服务的问题。例如，产品是否保修、能否退换、是否可以及时处理相关问题等。

下面给大家提供一些相应的策略，帮助大家找到合适的应答技巧，消除用户对售后服务的疑虑，如图 3-7 所示。

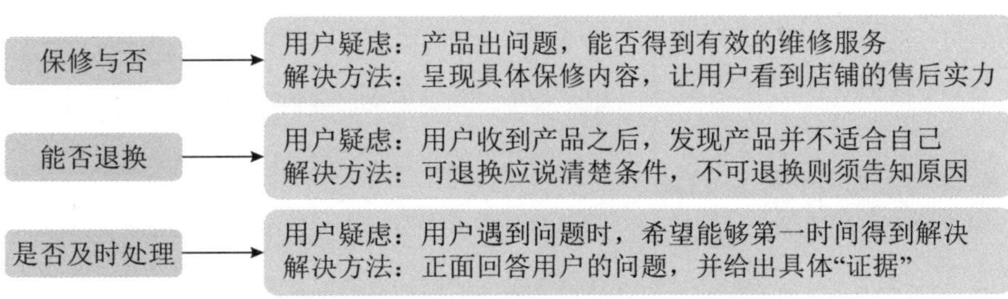

图 3-7　用户对售后服务的常见疑虑与解决方法

3.1.4　激发欲望：让用户主动掏钱下单

用户的下单速度通常直接与客服的沟通方式相关，如果客服能够让用户快速完成下单，那么他在特定时间内创造的价值就越高。当然，要让用户主动掏钱下单并不是一件容易的事，毕竟这直接关乎用户的“钱袋子”。所以，客服要做的就是通过一些运营策略为用户下单提供更有说服力的理由，相关技巧如下。

1. 营造愉快氛围带动下单

用户选择购买某件产品，产品符合需求固然重要，但愉快的沟通氛围也是关键因素，相关技巧如图 3-8 所示。

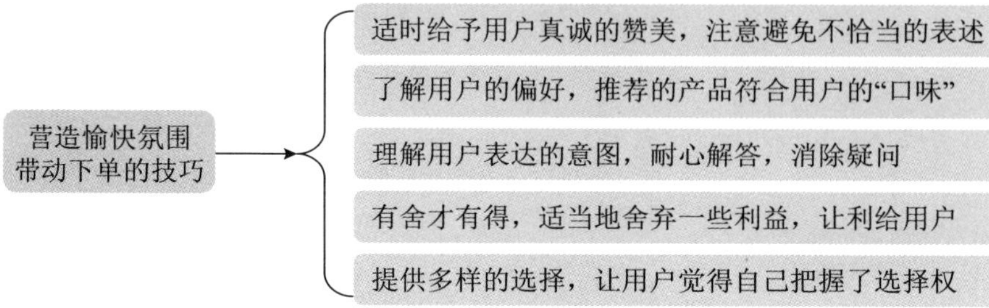

图 3-8　营造愉快氛围带动下单的技巧

如果客服营造的是一个相对愉悦的沟通氛围，那么用户心中就会高兴，自然也就更愿意购买客服推荐的产品。

2. 给用户压力，化被动为主动

许多客服在与用户沟通的过程中，可能想得更多的是，如何增加产品对用户的吸引力。而很多情况下，即便客服给出了足够多的优惠，用户也不一定会马上下单。这主要是因为用户在看到客服给出的优惠之后，认为还可以更实惠一点。其实，客服与其一味地被动地给用户优惠，倒不如给用户一些压力，化被动为主动来得直接。相关技巧如图 3-9 所示。

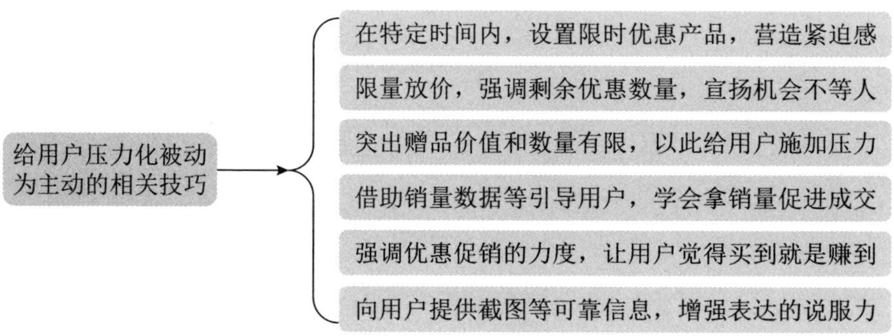

图 3-9　给用户压力化被动为主动的相关技巧

3.1.5　灵活沟通：光靠说话也能“圈粉”

网店之所以要配备专门的客服，其中一个很重要的原因就是客服与用户的沟通将对产品交易起到很大的作用，甚至可以直接影响店铺的生存。客服如果能够灵活地进行表达，让用户觉得舒服，便可获得用户的好感，甚至将用户直接变成店铺的粉丝。相关技巧如下。

1. 灵活表达的沟通技巧

客服在与用户沟通时，灵活表达能让用户感到舒适，既有助于促成交易，又能提升用户满意度。下面将对灵活沟通的 5 种技巧进行解读，助力客服以恰当表达为店铺吸引粉丝。

（1）保持节奏一致： 每个人说话都有其独特节奏，这受习惯和立场影响。若客服能找准用户的说话节奏，并尽量与之同步，用户会感觉交流轻松自在，甚至认为客服懂其所想，进而对客服多一份信任。

（2）结合感受表达： 客服沟通时可以结合自身使用感受，用户在获取更多产品信息的同时，会更易对客服及产品产生信任。

（3）语言灵活机动： 在沟通交流时，客服给用户的感觉很重要；要做到灵活表达，让用户感到舒适。用户购物时通常追求的是愉悦体验，若客服能让用户有享受之感，则用户更易下单。

（4）善用刺激引导： 消费很大程度上源于需求，激发用户购买欲需先让其对产品感兴趣。客服可通过说明产品适用性、强化功能等方式，让用户认可产品价值，还可通过与别家价格对比、满减、打折等，凸显价格吸引力，促使用户下单。

（5）避免表述过满： 客服与用户沟通应使用灵活的语言，勿把话说绝。对不确定的内容，可用“可能”“也许”“大概”等词，避免表达绝对化。

2. 不让价也能让用户欣然接受的技巧

在网购中，用户虽知店铺要赢利，但大多希望购物更划算，所以客服常常会遇到讲价的用户。面对讲价，若客服能在不让价的情况下让用户觉得划算，用户便会欣然接受并快速下单。关键在于找到合理的不让价理由。其相关技巧如图 3-10 所示。

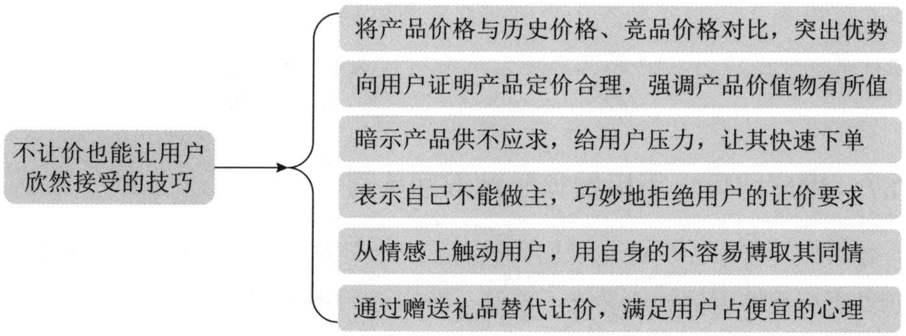

图 3-10　不让价也能让用户欣然接受的技巧

3.1.6 消除抱怨：尽力提升用户满意度

如果用户就购物过程中出现的问题向客服抱怨，就说明用户对购物是不太满意的。此时，如果客服处理不好，便有可能激化矛盾，给店铺带来差评。当然，如果客服能够正确处理抱怨，就能在消除用户抱怨的同时，通过沟通获得用户的好感，提升用户的满意度。

凡事都有一定的解决步骤，消除抱怨也是如此。如果客服能够以相对合适的步骤，循序渐进地与用户进行沟通，如图 3-11 所示，用户通常更容易接受客服的表达，进而对店铺和客服多一分谅解。

主动承认不足 →	面对用户的抱怨时，客服要先端正自己的态度，学会以退为进，承认不足之处，并寻找解决问题的方案
理解用户心情 →	对用户多一分理解，并用合适的方式进行表达，用户自然会因为情绪受到感染，慢慢地消除心中的怒气
安抚用户情绪 →	客服可以在沟通过程中适当对气氛进行调节，安抚好用户的情绪，让沟通以相对更舒适的方式进行
找到问题症结 →	只有在找到问题的症结之后，客服才能有针对性地解决用户的问题，消除用户的抱怨，让其对购物更加满意
配合解决问题 →	在沟通过程中积极地进行回应用户，了解其想法，然后再结合实际情况，采取相对合适的解决方案来解决用户的问题

图 3-11　消除用户抱怨的主要步骤

专家提醒

既然用户不满意是因为购物中出现问题，那么客服在沟通过程中就需要尽可能地让用户感觉满意。而要让用户满意就必须听取他的建议，所以客服在沟通过程中应适时征求用户的意见。

与客服自行解决问题不同，在沟通过程中征求用户的意见可以让他的声音得以表达，而且用户也能因此获得应有的尊重。这无论是对了解用户的诉求，还是提升用户的满意度都是有所裨益的。

3.1.7 用户留存：用极致体验获取回头客

在客服运营中，促成交易如同迈出了关键的第一步，而用户留存则是决定店铺能否行稳致远的核心要素。毕竟，获取新用户的成本远高于维护老用户的成本，且老用户的复购往往能带来更稳定的收益。

对于客服而言，让用户留存下来，意味着要让他们在每一次与店铺的接触中，都能感受到无微不至的关怀与超乎想象的价值。这不仅需要营造极致的用户体验，从售前咨询到售后保障，每一个环节都做到尽善尽美，更要用策略牢牢拴住用户，让他们对店铺产生深深的依赖与忠诚。下面将深入介绍这些实用的客服运营技巧。

1. 营造极致的用户体验

用户体验是影响店铺用户留存率的一个重要因素。用户在完成一次购物之后是否愿意再光顾，从一定程度上来说，取决于他在这一次购物过程中的体验。如果客服能够为用户营造极致的消费体验，那么用户在下次有购物需求时自然也会更愿意再来店铺。营造极致的用户体验的相关技巧如图 3-12 所示。

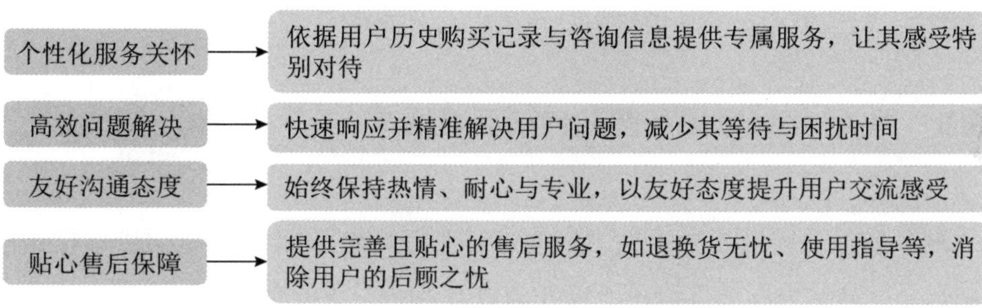

图 3-12　营造极致的用户体验的相关技巧

2. 用策略牢牢拴住用户

在竞争激烈的电商环境中，仅仅依靠优质产品难以确保用户长期留存。客服作为与用户直接沟通的桥梁，其策略的运用对于拴住用户起着关键作用。巧妙的客服策略不仅能提升用户满意度，更能增强用户对店铺的黏性和忠诚度。下面将介绍 4 种能有效拴住用户的客服策略。

（1）会员专属福利沟通： 客服可以主动向用户介绍店铺的会员权益，如专属折扣、优先发货、生日礼品等，定期提醒会员用户享受福利，让其感受到特殊待遇，增加留存意愿。

（2）定制化提醒服务： 根据用户的购买历史和浏览行为，在合适的时间推送相关产品的补货提醒、新品推荐或优惠信息。这样做既能体现客服对用户的关注，又能刺激用户再次消费。

（3）用户反馈深度回应： 认真对待用户的每一条反馈，不仅要及时解决表面问题，还要深入挖掘用户的潜在需求，将改进措施及时反馈给用户，展现对用户意见的重视。

（4）情感化互动维护： 在特殊节日、用户生日时送上祝福，日常沟通中适当使用亲切的称呼和表情包，营造轻松友好的氛围，拉近客服与用户的情感距离。

3.2 AI赋能：解锁客服运营的高效密码

在电商客服运营的烦琐工作中，AI 技术为商家带来了高效解决方案。AI 能够快速生成精准的话术和文案，满足不同场景下的客服需求。本节主要介绍 AI 在客服运营中的多种应用，包括自动回复、售后处理、客户挽回、好评引导、促销回复以及客服培训等方面，揭示 AI 如何助力商家提升客服运营效率，实现服务升级。

3.2.1 用 AI 生成常见问题的自动回复话术

扫码
看教学

拼多多要求店铺 3 分钟人工回复率不低于 80%，否则会影响店铺权重和活动报名。商家可以通过拼多多商家后台进入“多多客服→客服数据→服务数据”页面，查看 3 分钟人工回复率数据，如图 3-13 所示。

图 3-13　查看 3 分钟人工回复率数据

新店往往因人手不足难以实时回复，而设置高质量的自动回复能有效提升响应速度、降低人工客服压力。AI 可以帮助商家预设高频问题的标准答复，确保用户第一时间得到专业、亲切的回应，提升服务体验。以 DeepSeek 为例，相关案例如下。

提示词

我是一家主营“厨房收纳用品”的拼多多店铺，用户常问：“什么时候发货？”“包不包邮？”“能不能退货？”“产品尺寸是多少？”“材质安全吗？”请为这 5 个问题各写一条自动回复话术。要求语气亲切自然，使用表情符号，每条不超过 30 字，适合手机端阅读。

DeepSeek

1.【发货时间】亲，付款后 48 小时内发出哦⏰！着急用的话可以备注，我们加急处理。

2.【包邮政策】全国大部分地区都包邮呢📦！偏远地区需要补少量邮费，下单会自动计算。

3.【退货保障】7 天内无理由退货✅！不影响二次销售都可以退，放心购。

……

专家提醒

该案例中的提示词通过明确“主营类目”和“5 个高频问题”，让 AI 输出高度场景化、符合用户习惯的回复。这类话术既满足平台对响应速度的要求，又通过表情符号和口语化表达增强亲和力，提升用户满意度。

同时，这种结构化的提示词指令还避免了 AI 生成冗长或不相关的答案，确保话术可直接用于店铺后台设置，显著降低客服工作量。

3.2.2　用 AI 撰写售后纠纷的标准化处理话术

扫码看教学

在拼多多平台上，售后纠纷是影响店铺评分和用户体验的主要风险点。面对“发错货”“质量差”“与描述不符”等问题，客服的回应方式将直接影响用户是否愿意修改差评或达成和解。

一套专业、诚恳、有解决方案的话术，能有效化解矛盾，减少平台介入和罚款风险。借助 AI 撰写标准化处理话术，可确保回复专业、统一，避免人为因素导致的处理差异，有效化解矛盾，提升用户满意度，维护店铺的良好形象。以 DeepSeek 为例，相关案例如下。

提示词

当客户反馈“收到的收纳箱颜色和图片不一样”时，请写一段客服回复话术。要求：先道歉并承认错误，说明可能原因（如光线差异），提出解决方案（退差价或补发），最后请求理解与修改评价，语气诚恳，控制在 100 字以内。

DeepSeek

非常抱歉给您带来了困扰！由于拍摄光线和屏幕差异，可能导致颜色显示偏差。我们愿意为您退部分差价或补发一个，您看可以吗？感谢您的理解，若问题解决，还恳请您能酌情修改评价，谢谢！

专家提醒

该案例中的提示词通过模拟一个真实的售后场景，要求 AI 生成“道歉→解释→解决→请求”4 步闭环话术，符合拼多多处理纠纷的最佳实践。这种结构化引导能够确保 AI 生成的话术既体现专业性又不失温度，有助于快速平息用户情绪，降低差评率和平台处罚风险。

3.2.3 用 AI 根据差评内容撰写挽回客户的私信

扫码看教学

用户差评会直接影响其他买家的购买决策，尤其在新店评价体系尚未建立时，一条差评就可能导致转化率大幅下降。在拼多多商家后台进入“商品管理→评价管理”页面，即可查看和管理用户评价，如图 3-14 所示。

商家可以及时通过私信联系差评客户，表达歉意并提供补偿，这是挽回口碑的有效方式。AI 可以帮助商家根据差评内容快速生成个性化私信，提高修改评价的成功率。以 DeepSeek 为例，相关案例如下。

图 3-14　“评价管理”页面

提示词

有客户评价：“快递太慢了，等了 7 天才收到。”请写一段私信回复，用于联系该用户。要求：表达歉意，解释物流时效受第三方影响，承诺后续优先发顺丰，补偿 5 元红包，请求其修改评价，语气真诚，不超过 80 字。

DeepSeek

抱歉让您久等了！物流时效受第三方影响，我们已加强协作。为您申请 5 元红包作为补偿，后续订单将优先发顺丰。诚邀您体验改进后的服务，若方便能否麻烦您修改下评价？

专家提醒

该案例中的提示词通过精准针对“物流差评”这一常见问题，要求 AI 生成包含“道歉→解释→补偿→请求”要素的私信，既承认问题，又不失品牌立场。可以看到，AI 生成的这种个性化回应，能显著提升用户的获重视感，增加修改评价的可能性，帮助店铺快速修复负面评价，维护整体形象。

3.2.4 用 AI 设计引导好评的售后卡文案

扫码
看教学

拼多多的好评率直接影响商品权重和推荐流量，而售后卡则是引导用户好评的有效载体，许多新店却忽视了售后卡的设计，错失引导好评的良机。一张简洁、有吸引力的售后卡，能有效提升用户主动评价的概率。示例如图 3-15 所示。

图 3-15　售后卡示例

用 AI 设计引导好评的售后卡文案，能以更具吸引力和亲和力的语言，激发用户主动给予好评，提升店铺的好评率，同时增强产品竞争力。以 DeepSeek 为例，相关案例如下。

提示词

请为我的“厨房收纳架”产品设计一张放入包裹中的售后卡文案。要求：感谢支持，邀请用户晒图好评，承诺“好评＋晒图返 3 元红包”，注明联系客服方式，语气温馨，控制在 60 字以内，避免使用“好评返现”等违规词。

DeepSeek

感谢您选择我们的厨房收纳架！如果您喜欢它，诚邀您分享展示美图，我们聊表心意：好评＋晒图即可联系客服领取 3 元红包哦。

联系客服：平台消息即可

专家提醒

该案例中的提示词巧妙规避了拼多多对“好评返现”的敏感限制，使用“好评+晒图返红包”等合规表达，确保不触发平台处罚。

3.2.5 用 AI 生成大促期间的批量客服回复模板

扫码
看教学

在 6·18、双 11、春节等大促期间，客服咨询量激增，人工难以应对。商家可以提前准备促销专属的回复模板，提升客服响应效率。

用 AI 可以生成批量客服回复模板，可使客服快速回复用户共性的问题，保证回复质量和效率，避免用户长时间等待，提升用户在大促期间的购物体验。以 DeepSeek 为例，相关案例如下。

提示词

请为“双 11 大促期间”设计 3 条客服自动回复话术，分别用于回答：“为什么还没发货？”“优惠券怎么没到账？”“想要的款式缺货了怎么办？”要求语气积极，说明大促订单激增的客观情况，给出解决方案，每条不超过 40 字，适合高峰期使用。

DeepSeek

【发货延迟】

亲爱的，别着急！大促期间订单量暴增，我们正在按顺序加急发货，您的小宝贝很快就会飞奔向您。

【优惠券到账】

恭喜您抢到优惠券！由于发放量巨大，系统可能略有延迟，请您稍等片刻重新查看账户，一定会到账的！

【缺货应对】

这款宝贝太火爆，暂时售罄啦！为您推荐同系列人气款式，现在下单同样享受大促优惠，立即为您安排发货哦。

专家提醒

该案例中的提示词针对大促期间的 3 大高频问题，要求 AI 生成既体现理解又提供解决方案的回复，能帮助商家有效管理用户预期，减少因发货延迟引发的差评。通过提前准备，商家可在流量高峰期间保持高效响应，避免因服务评分下降而影响后续流量，这是保障大促成果的重要举措。

商家可以将 AI 生成的客服回复模板添加到团队话术中。在拼多多商家后台进入“多多客服→客服工具→团队话术设置”页面，单击“新增话术组”按钮，如图 3-16 所示，即可创建团队话术。

图 3-16　单击“新增话术组”按钮

3.2.6　用 AI 生成培训新手客服的标准化问答手册

扫码
看教学

如果商家需要雇用兼职或临时客服，如何快速让他们上手是一个难题。用 AI 可以生成标准化的回答手册，能为新手提供系统、规范的学习资料，帮助其快速掌握常见问题的回答技巧，缩短成长周期，提升整体客服团队水平。以 DeepSeek 为例，相关案例如下。

提示词

请为我的“母婴喂养用品”店铺编写一份新手客服培训手册，包含 10 个常见问题的标准回复，如“适合几个月的宝宝？”“是否防胀气？”“怎么清洗？”“多久发货？”“能否退换？”等。要求每条回复简洁专业，体现产品优势，控制在 30 字以内，适合打印或发送给兼职客服学习。

DeepSeek

母婴喂养用品店铺客服标准回复手册

产品相关问题

1. 适合几个月宝宝？

答：产品标注适用月龄，0～24 个月分阶段设计，科学喂养更安心。

2. 是否防胀气？

答：采用专利防胀气系统，有效减少宝宝胀气不适，喂养更顺畅。

……

专家提醒

该案例中的提示词通过 AI 要求生成“10 个常见问题”的标准答案，构建了一份可复用的客服知识库。AI 生成的手册可作为新员工的“操作指南”，保证服务质量和品牌调性的一致性，是店铺规模化运营的提效帮手。

引流推广篇

第4章

常规引流，打造店铺私域社交流量池

学前提示

对于拼多多店铺来说，流量的重要性显然是不言而喻的。很多商家都在利用各种各样的方法来为店铺和产品引流，目的就是希望能够提升产品销量，打造爆款。本章主要介绍一些拼多多常用的引流技巧，帮助商家为自己的店铺打造专属的私域社交流量池。

要点展示

- **免费引流：** 解锁拼多多流量密码
- **付费引流：** 开辟流量增长新途径

4.1 免费引流：解锁拼多多流量密码

流量的提升说难不难，说容易也不容易，关键是看你怎么做。舍得花钱，可以采用付费工具来引流；规模小的店铺则可以充分利用免费流量来提升商品曝光量。本节主要结合拼多多的流量来源介绍一些重要的免费引流技巧，帮助商家提升商品权重、引爆流量。

4.1.1 拼多多的 6 大流量来源

拼多多的流量来源包括社交裂变、广告流量、App 展示、搜索流量、活动流量和其他渠道，具体如下。

（1）社交裂变： 包括拼单卡（图 4-1）、砍价免费拿和多多果园（图 4-2）等引流渠道。

图 4-1　拼单卡

图 4-2　多多果园

（2）广告流量： 包括 CPT（cost per time，单位时间成本）投放、合约定价 CPM（cost per mille，每千人成本）、签到领现金、CPC（cost per click，每点击成本）搜索广告、CPC 场景广告、竞价 CPM、明星店铺推广、直播推广、品类关键词库以及短信营销等引流渠道。

（3）App 展示： 包括首页开屏、首页 Banner（横幅广告）、类目页 Banner、个人中心 Banner、聊天页置顶 Banner、首页 Icon（图标）、新人专区以及 App 推送消息等引流渠道。

（4）搜索流量：主要是指自然搜索流量，同时还包括首页横滑展示位和首页单坑位的所有流量。

（5）活动流量：包括限时秒杀、省钱月卡（图 4-3）、品牌清仓、名品折扣、爱逛街、食品超市、时尚穿搭、新品推荐、微信公众号推文、微信公众号消息和领券中心（图 4-4）等引流渠道。

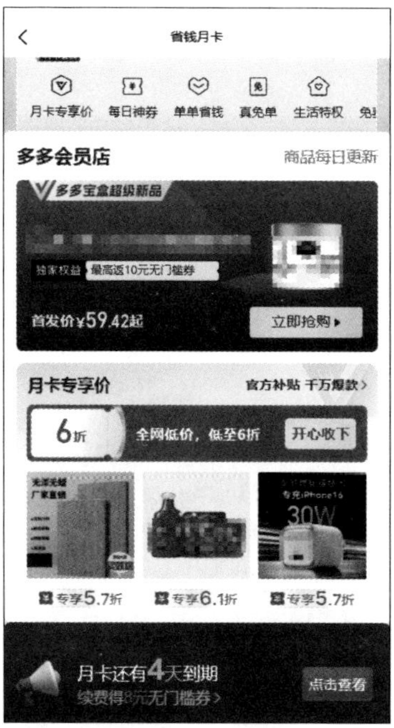

图 4-3　省钱月卡

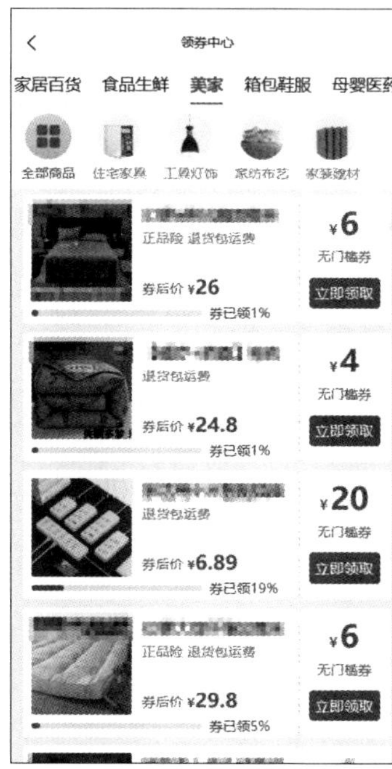

图 4-4　领券中心

> **专家提醒**
>
> 拼多多很好地利用了微信的渠道优势，同时大量使用店铺红包、签到领现金和限时抢购等促销方式，这些都是非常符合移动端用户喜好的营销手段。例如拼多多的签到领现金活动，这种活动几乎没有门槛，任何用户都可以每天通过签到来获得优惠，效果远比满减促销方式要好。

（6）其他渠道：包括多多进宝、微博发文、会员短信、微信群和 QQ 群等。

4.1.2　运用标签实现精准引流

“千人千面”是拼多多搜索排名的一种推荐算法，从字面意思可以理解为

“一千个人有一千张不同的面孔”。目前，拼多多的搜索规则主要是通过人群标签匹配商品标签来干预展现排名，实现“人货匹配”，相关介绍如下。

1. 了解人群标签

人群标签是对关键词背后的人群进行分组化和标签化的具体表现，主要由用户行为、个人属性和用户喜好等 3 个部分组成，如图 4-5 所示。

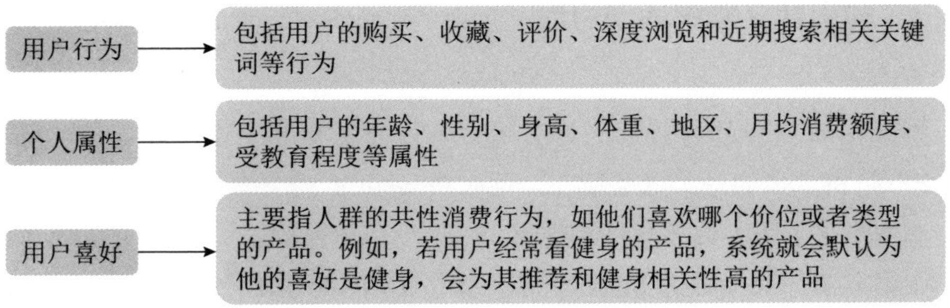

图 4-5　人群标签的 3 个组成部分

2. 了解商品标签

拼多多的商品标签主要由类目标签、价格标签和商品属性标签 3 个部分构成，如图 4-6 所示。

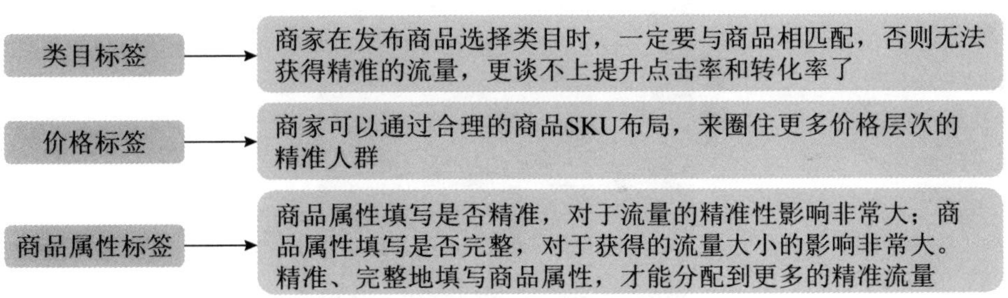

图 4-6　商品标签的 3 个组成部分

3. 了解店铺标签

店铺标签是指综合店铺所有的商品标签和人群标签两者的特点，从而集中凝聚生成清晰的店铺标签。当然，商家必须通过统一的风格打造清晰的店铺标签，这样才能让店铺获得精准的流量。具体方法如下。

（1）店铺的图片风格一致： 包括主图、模特、主色调、拍摄场景、装饰元素以及商品详情页设计等。

（2）店铺的商品款式一致： 店铺内的商品款式都是围绕某一细分领域，进行精细化的运营。例如，卖装饰画的店铺内产品都是装饰画，不会出现其他假花绿植或者创意摆件等产品。

（3）店铺的商品价格一致：商家在选款阶段就应该确定好店铺的主要价格区间，包括市场价、成本价、拼单价、单买价以及利润等，这些都需要提前规划好。

4.1.3 利用社交营销活动引流

扫码
看教学

拼多多疯狂崛起的背后，其实是一场社交流量和电商产品的完美结合。“社交”是拼多多的最大优势所在，同时拼多多的“拼单”购物模式也在微信社交圈中产生了强大的裂变引流效应。

很多人第一次接触拼多多，大都是在微信里面，来自一些亲朋好友发来的扫码助力图片链接，如图 4-7 所示。这些帮忙扫码助力的新用户，也会成为拼多多的用户。

图 4-7　微信扫码助力图片链接示例

商家可借助社交营销活动实现高效引流，通过“拼团”“砍价”“分享领券”等拼多多平台的原生功能，激发用户在社交关系链中传播。例如，商家可设置“邀请好友砍价 0 元购”“两人成团立减”等活动，利用用户“占便宜”心理驱动其分享活动链接。同时结合微信群、朋友圈、短视频等外部社交场景，扩大曝光，提升裂变效率。

社交营销不仅能够降低获客成本，还能快速积累基础销量与评价，为新品破零和冲击爆款打下坚实基础。社交营销的关键在于活动设计要有吸引力、规则简单、即时反馈，让用户愿意参与并主动传播。

例如，“老带新”是社交裂变的核心模式，商家可以利用 AI 设计激励机制，提升老客参与度，实现低成本拉新。以 DeepSeek 为例，相关案例如下。

提示词

请为“儿童保温杯”设计一个“老带新”社交裂变活动方案。要求：老用户邀请 1 位好友下单，双方各得 5 元无门槛券；邀请 3 人可抽免单；活动规则简单、易传播；适合在微信群和朋友圈推广。

DeepSeek

【童杯暖意·老友记】活动方案

活动规则：

老用户分享专属邀请海报 / 链接，好友通过此渠道下单儿童保温杯后：

1. 邀请 1 位好友：新老用户各得 5 元无门槛券
2. 成功邀请 3 人：老用户额外获得免单抽奖机会（最高免单 200 元）

传播要点：

- 设计萌趣海报＋简短文案模板
- 微信群转发时可搭配使用话术
- 朋友圈传播突出“邀 3 人抽免单”爆点
- 券奖励实时到账激发参与感

优势：规则简单、激励直观、裂变路径短，适合家长群体快速传播。

专家提醒

该案例中的提示词通过设定奖励机制与传播场景，可以有效引导 AI 输出可执行的社交裂变活动方案，帮助商家用低成本激励驱动用户主动分享，实现“一人带多人”的免费引流效果。

4.1.4 利用拼多多小程序引流

移动社交电商一直是拼多多的平台定位，其中的社交离不开微信。拼多多通过小程序来利用微信的大体量用户和强社交关联进行引流，实现用户规模的快速增长。图 4-8 所示为拼多多小程序和 App 端的“首页”界面，两者的功能基本一致。

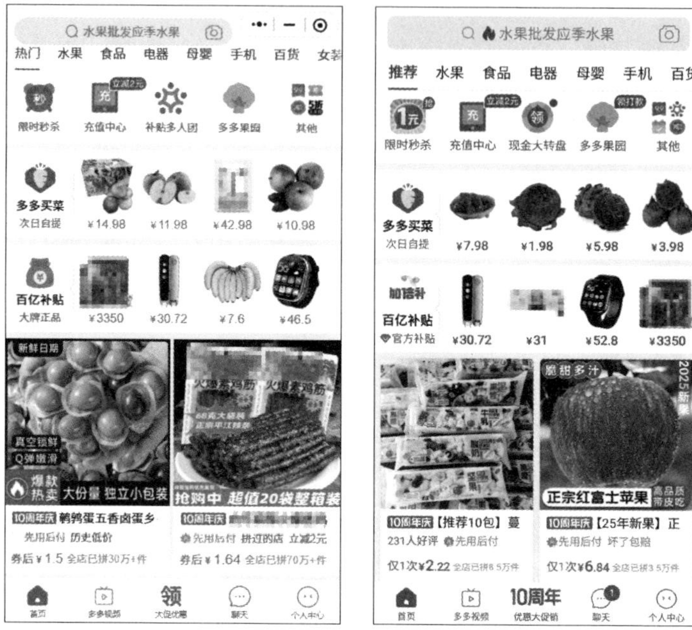

图 4-8 拼多多小程序（左图）和 App 端（右图）的“首页”界面

微信平台可以说是小程序运营者必争的流量入口之一，这不仅是因为微信拥有众多用户，更是因为微信中提供了多种小程序推广渠道。如果运营者营销得当，便可轻松地获得一定的流量。借助微信平台的力量，商家可以通过扫码推广、分享推广、公众号推广等方式获取小程序的流量。

4.1.5 3 大途径获取自然流量

自然流量会受到店铺评分、销量、转化率和 GMV（gross merchandise volume，商品交易总额）等因素的影响。目前拼多多站内的自然流量途径主要包括活动、搜索和类目 3 个方面，商家可以从这些方面入手来提升单品自然流量。相关介绍如下。

1. 参与活动引流

商家可以参加平台推出的各种活动，获得更好的资源推广位置，来提高商品权重，从而获得更多的自然流量。新店铺或者新品可以尝试参与竞价活动、品质招标以及多多进宝等活动。

2. 搜索优化引流

单品要获得更多自然搜索流量，商品标题的优化相当重要。下面介绍几种优化商品标题的找词渠道。

（1）下拉框词。商家可以通过搜索框中系统自动推荐的下拉框词，找到高热度的长尾词，如图 4-9 所示。

（2）热门搜索词。商家可以先去拼多多上搜索几个跟自己的商品相关的词，然后在结果页中点击并浏览一些商品。当商家再次打开拼多多搜索时，即可看到与自己商品相关的热门搜索词，如图 4-10 所示。需要注意的是，热门搜索词是不断更新的，商家在前期需要多搜索几次，这样才能找到更精准的热门搜索词。

图 4-9　下拉框词示例

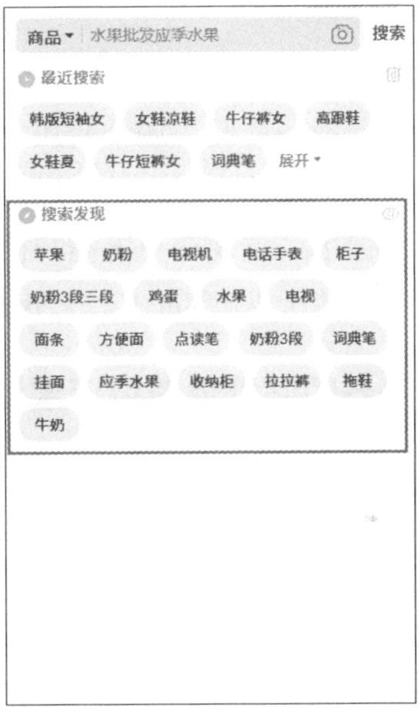

图 4-10　热门搜索词示例

（3）商品页属性词。用户在搜索某个关键词后浏览搜索结果时，可以时不时看到一些商品页属性词。这些词可以方便用户进行筛选，同样也是商家做标题时可以用到的热词。在搜索结果页面中，最多只展示商品标题的前 12 个汉字，因此要在这 12 个字上尽可能体现出产品的核心价值或卖点。在组合标题时，商家应注意尽量不要拆分搜索热度高的核心词。下面笔者推荐一些商品标题的组合公式，供大家参考套用。

品牌词 + 类目词 + 核心词 + 属性词

营销词 + 核心词 + 热搜词 + 卖点

下拉框词＋核心词＋长尾词＋冷门词

专家提醒

商品标题是搜索流量的突破口。找到高热度、高转化率的关键词是第一步，商家还需要使用合理的组合方式，将这些关键词组合成商品标题。不同的关键词组合形式，获得的排名结果差别也很大。

尤其是对于一些新上市的产品来说，没有权重和销量，此时就可以用这个方法找到一些精准长尾词或"黄金关键词"，它们对应的商品数量通常非常少，从而可以极大地提升你的商品排名，增加商品销量，让单品快速上首页。

3. 类目权重引流

用户在查找商品时，通常会用到拼多多的类目工具。通过类目的分类导航可以引导用户的购物大方向。此时，如果商家的类目权重比较高，则可以获得很好的类目排名，展现在更多用户面前。因此，商家可以从类目权重入手，提升单品近几天的全维度 GMV，来获得更多的类目流量。

4.1.6 拼多多站外免费引流渠道

拼多多的站外引流渠道非常多，比较常见的有微博、微信、社群以及各种自媒体渠道，同时也可以利用站外 SEO 与 UEO（user experience optimization，用户体验优化）相结合的渠道引流。

现在拼多多上的店铺非常多，但大多数店铺的搜索排名和流量都不太理想，从而让商家感到苦恼。所以，我们常常会想：怎样才能把店铺做得让搜索引擎喜欢，才会让用户喜欢，才会有好的排名和流量呢？

其实，在站外渠道引流时，店铺还有一个优化新思路，那就是 SEO 与 UEO 的结合，可以得到更好的推广效果。通过 UEO 可以极大地改善网站功能、操作、视觉等与用户体验息息相关的各种要素，从而提升 SEO 引流的效果。

UEO 的加入可以让 SEO 的作用从抽象变得更加具体，通过 SEO 可以让用户达到指定网页，然后通过 UEO，让进入网页的用户获得更好的体验，从而提高流量转化率。主要优化方法如图 4-11 所示。

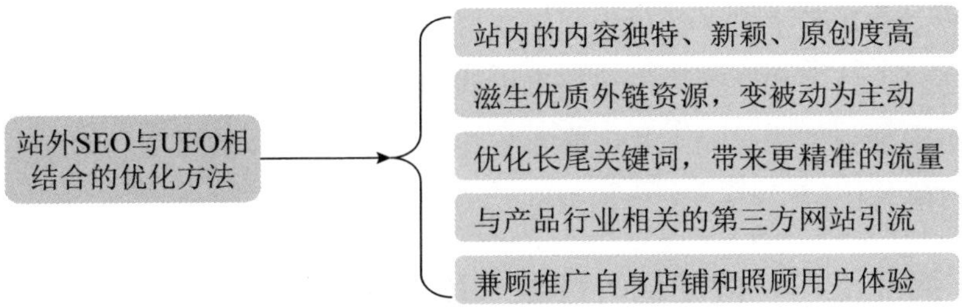

图 4-11　站外 SEO 与 UEO 相结合的优化方法

另外，商家还可以尝试做社群营销，但在社群中分享信息时需要有自己的观点，至少要把店铺中的产品描述清楚、说得明白，同时还要学会点赞和点评。同时，商家分享的东西必须是正面的、积极的和正能量的，有助于塑造店铺的品牌形象。

例如，对经营美食店铺的商家来说，可以在社群里分享一些美食制作方法或者健康食谱，中间再自然而然地介绍自己的产品或者原材料，而群友又都是一些“吃货”或者美食制作达人，就很容易接受并购买你介绍的产品，增加社群用户的黏性。

下面以微信社群为例，介绍相关的引流技巧。

（1）发福利：逢年过节的时候，也是大家的消费高峰期，商家可以在微信群内发红包或者一些小赠品，提升节日气氛的同时还能吸引大家到店铺消费。有条件的商家甚至可以每天都发红包，金额不用太多，只需要保证微信群的活跃度即可。

（2）预上新：当店铺有新品即将上架时，商家可以首先在微信群中发布新品的优惠活动信息，让喜欢尝鲜的群友及时下单购买。

（3）多激励：商家可以经常在微信群或者朋友圈中举办一些有奖活动，如分享有礼，可以在转发内容中添加商品分享链接或者二维码，对于转发的朋友可以给他们私发红包或者小礼物，多激励朋友们分享自己的店铺和商品。

4.2　付费引流：开辟流量增长新途径

前面详细介绍了拼多多免费引流的多种技巧，为商家提供了丰富的流量获取途径，帮助其在不增加广告成本的情况下扩大品牌影响力和产品曝光率。然而，除了免费引流技巧外，付费引流工具也是商家打造爆款、实现高效转化的重要手段。

本节主要介绍拼多多的付费引流工具，包括商品推广、明星店铺和多多进宝等。这些工具可为商家提供更精准的流量获取方式和更高的投资回报率。通过合理运用这些付费引流工具，商家可以快速提升商品的排名和销量，实现商业目标的最大化。

4.2.1 商品推广：撬动亿万搜索+场景流量

商品推广是一个能够撬动亿万级搜索和场景流量的高效工具，全面带动店铺交易额提升。为了满足商家的多样化需求，商品推广不仅支持按成交出价，还提供了多目标出价选项，使商家能够更灵活地制定推广策略。商品推广支持以下两种出价方式。

（1）按（净）目标投产比出价：是商家期望每花费 1 元，在 14 天内通过搜索和场景流量带来的支付交易额。系统会自动调整以接近商家设定的（净）目标投产比，投产比设置越低，获取流量的能力越强。

（2）按（净）成交出价：指在搜索和场景流量中，预期商品成交一单的广告花费。系统以（净）成交出价为优化目标，结合亿万级流量支持，助力商家全面提升店铺交易额。成交出价设置得越高，获取流量的能力越强。

商品推广的优势在于其效果稳定且操作简便，系统会根据商家设定的（净）目标投产比或（净）成交出价进行智能投放，确保推广效果的稳定性。同时，商家只需设置商品的预算日限额和相应的出价方式，即可快速启动推广。另外，商品推广还支持在修改出价页面灵活切换出价方式，无须删除原有推广计划，使操作更加便捷。

在操作方面，商品推广分为首次使用、日常新建和已创建推广切换出价方式三类。对于首次使用的商家，电脑端和手机端都提供了简洁明了的操作流程。商家只需选择推广的商品及场景，设置推广目标，即可开启推广。

以电脑端为例，商家可以在拼多多商家后台左侧导航栏的“推广平台”中单击“商品推广”链接，即可进入拼多多推广平台。首次使用商品推广时，商家可以在“商品推广”选项卡中单击“立即推广”按钮，如图 4-12 所示。

执行操作后，进入“商品推广”页面，选择推广商品与场景，设置推广目标，单击“开启推广”按钮，如图 4-13 所示，即可开启推广。

另外，商家还可以在“商品推广”页面底部，单击“查看系统推荐方案”按钮，在弹出的“系统推荐开启商品推广”窗口的右下角单击“一键推广”按钮，如图 4-14 所示，即可批量创建商品推广计划。

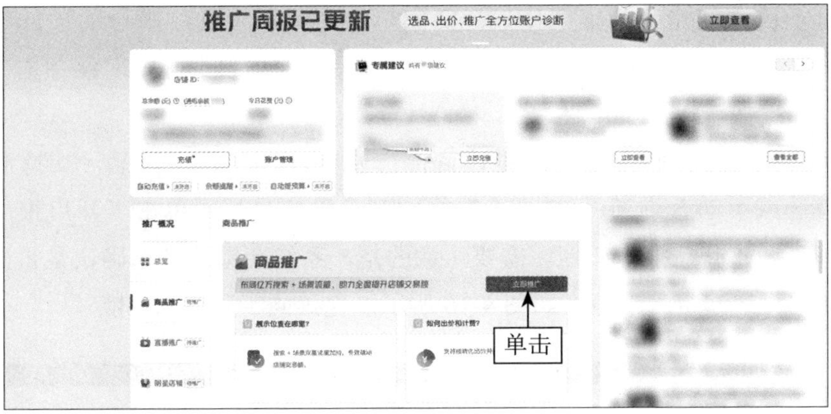

图 4-12　单击“立即推广”按钮

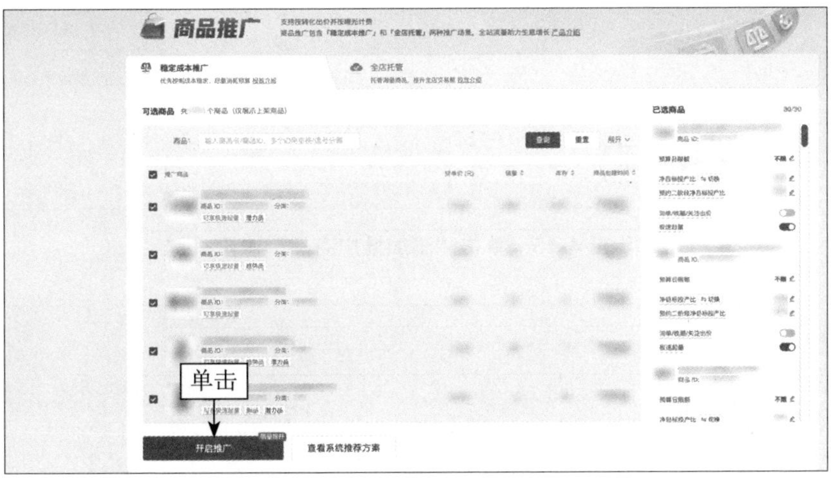

图 4-13　单击“开启推广”按钮

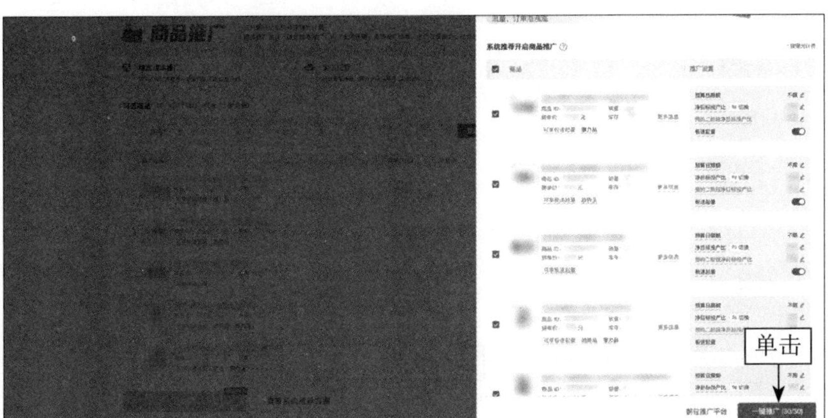

图 4-14　单击“一键推广”按钮

对于日常创建商品推广计划，商家可以在拼多多推广平台的顶部导航栏中，❶ 单击“推广”按钮进入其页面；在商品推广列表页面中，❷ 单击“添加推广商品”按钮，如图 4-15 所示。

执行操作后，进入“添加推广商品”页面，选择推广商品，支持商家全选、单选或手动查询商品 ID，设置投放商品推广目标，单击“开启推广”按钮，即可创建商品推广计划。需要注意的是，系统会提示商家确认是否同时开启“全局优选起量”功能，如图 4-16 所示，建议同步开启该功能。

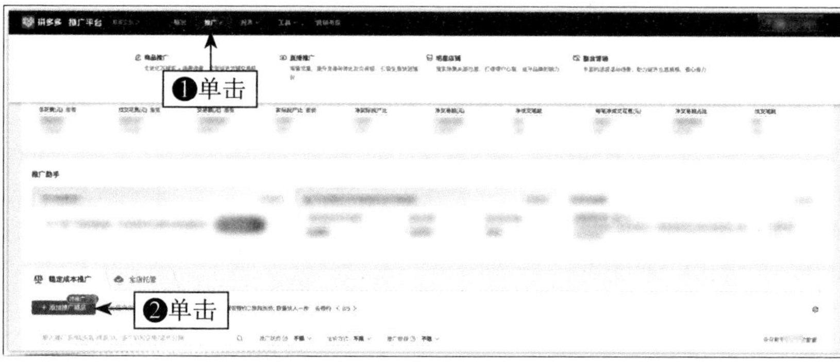

图 4-15　单击“添加推广商品”按钮

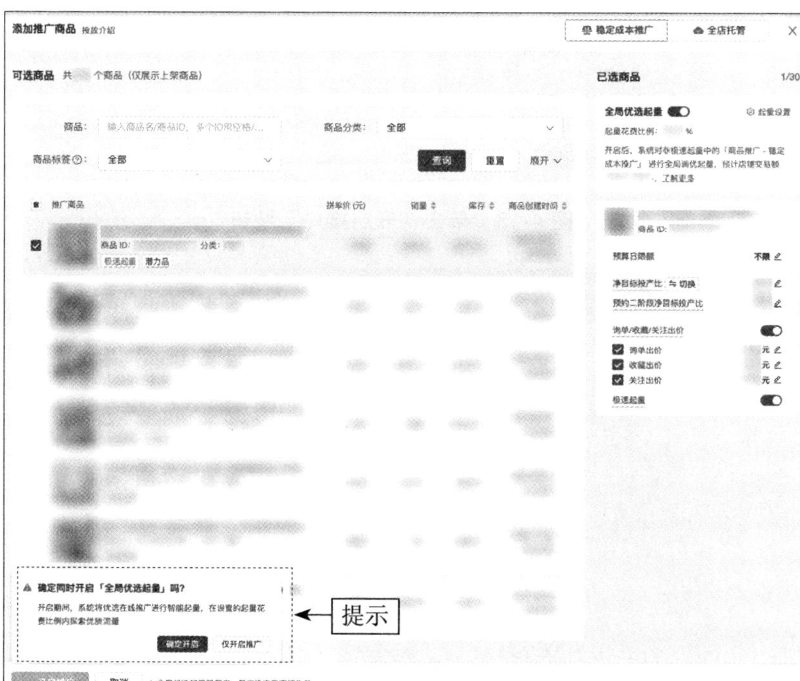

图 4-16　提示商家确认是否同时开启“全局优选起量”功能

对于已创建的推广计划，商家可以在商品推广列表页修改出价方式和数值，实现灵活调整。需要注意的是，切换出价方式每日有限制次数，且推广阶段不能改变，继续积累推广数据。

商品推广提供了丰富的数据指标供商家关注。推广中状态表示商品在广告投放系统中处于上线状态。推广计划关注的数据包括实际投产比、净实际投产比、每笔成交花费和每笔净成交花费等，帮助商家全面了解推广效果。

另外，推广过程分为数据积累期和智能投放期两个阶段。数据积累期以快速起量为主，效果可能波动；而智能投放期则效果趋于稳定，系统会尽可能达成商家设定的投放目标。

4.2.2　明星店铺：帮助品牌商家抢占流量

想要提升付费推广的点击率和 ROI ？那么，明星店铺将是商家的理想选择。明星店铺是一款针对品牌商家的推广工具。当用户在平台上搜索特定品牌或品牌商品时，明星店铺会展示该品牌的店铺广告，如图 4-17 所示，为用户提供集品牌曝光、体验、活动和产品展示于一体的多维度搜索体验，从而帮助品牌打造第一印象。

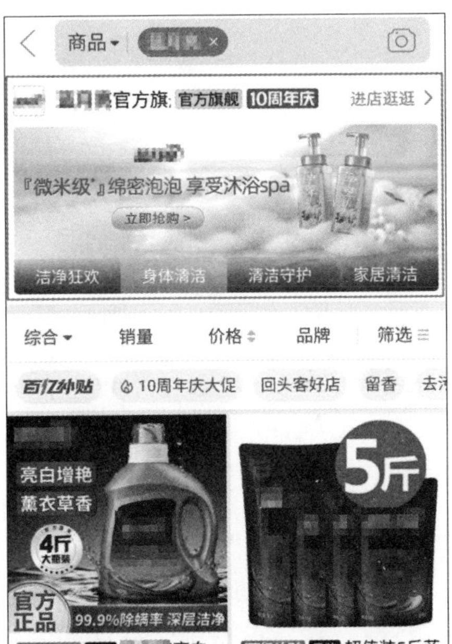

图 4-17　明星店铺推广效果示例

在使用明星店铺时，商家需要按千次曝光进行出价，并按照曝光量计费。

在使用明星店铺推广之前，商家需先申请品牌词并进行品牌资质认证，审核通过后即可创建推广计划。

明星店铺具有多重产品优势，它能够帮助商家打造独特的品牌调性，通过权威认证增强用户对品牌的信任度，进而提升用户的忠诚度和品牌黏性。明星店铺还能抢占流量先机，在搜索页以霸屏形式呈现，吸引大量关注，并承接精准搜索流量。另外，通过多样化的商品橱窗展现样式，明星店铺能满足多种营销场景的需求，有效提升用户转化率。

使用明星店铺需要完成几个关键步骤，商家需要上传相关的品牌资质证明。对于非自有商标，商家必须上传品牌授权或独占授权证明，确保店铺有权在拼多多经营该品牌产品。审核通过后，商家即可创建明星店铺广告。在创建推广计划前，商家需要准备符合规范的创意素材。

以电脑端为例，商家可以在拼多多商家后台左侧导航栏的“推广平台”中单击“明星店铺”链接，进入拼多多推广平台。首次使用明星店铺时，商家可以在“明星店铺”选项卡中单击“立即推广”按钮，如图 4-18 所示。

图 4-18　单击“立即推广”按钮

执行操作后，弹出“添加推广品牌词”窗口，商家可以在其中选择推广标的（包括推广店铺和推广品牌词），设置推广预算的日限额，在“品牌词出价与创意”选项区中还可以对品牌词设置溢价比例、创意以及推广时间，如图 4-19 所示。商家还可以选择是否开启“商品橱窗”功能，以满足不同的营销需求。单击“开启推广”按钮，即可创建明星店铺推广计划。

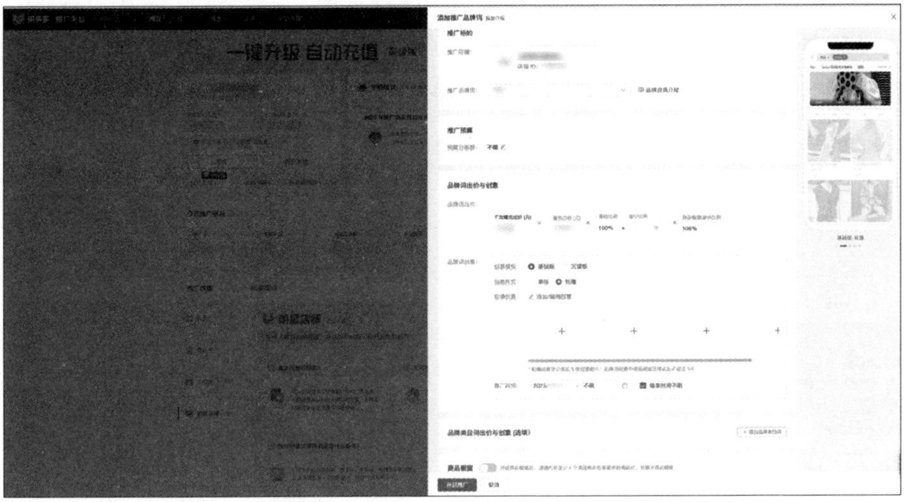

图 4-19　“添加推广品牌词”窗口

在明星店铺的使用过程中，商家可能会遇到一些常见问题。例如，明星店铺的扣费模式是按曝光付费；商家可以通过上传不同创意并选择轮播样式来投放轮播图；商品橱窗的展示条件为店铺内至少有 4 个满足要求的商品；等等。

另外，对于品牌类目词的投放，商家可以选择重点推广的类目进行精细化流量运营。如果创意审核不通过，商家需要检查创意设计是否符合规范，并确保创意中带有品牌名。最后，对于拥有中文和英文品牌词的商家来说，无须同时购买两个词，因为在推广平台购买品牌词时，中文和英文会自动聚合。

4.2.3　多多进宝：利用推广分成快速引流

多多进宝堪称一款“零门槛”的推广利器，它采用按成交额结算佣金的模式。具体而言，商家通过设定佣金的方式，把商品交给站外推手开展推广工作，以此获取站外流量，真正实现了“无订单不收费”的推广模式。

多多进宝是商家获取站外流量的有效工具。当下，多多进宝拥有海量的外部合作优质渠道，设置佣金的商品有机会被站外渠道获取，并在社群中推广，为商家带来业务增量。而且，商家设置多多进宝后，佣金结算依据商品成交情况而定，无成交则无须结算，这有助于商家节约推广成本。

使用多多进宝引流时，商家可依据自身的推广需求，灵活设置以下两种计划。

（1）全店推广计划：这是一种围绕店铺设置的推广计划。在拼多多商家后台进入“多多进宝→推广设置→全店推广”页面，在此可以设置全店推广的佣金比例等信息，即可轻松开通全店推广计划，如图4-20所示。一旦设置全店推广计划，店铺便会展示在多多进宝平台上，供推手挑选推广。设置全店计划的好处颇多，既能提升商家的推广效率，又有助于与推手建立长期合作关系，还可能增加店铺的曝光量。

图4-20　开通全店推广计划

（2）单品推广计划：这是专门给单个商品做的推广计划。在拼多多商家后台进入“多多进宝→推广设置→单品推广”页面，商家可以在此设置更划算的优惠券和佣金，开通单品推广计划，如图4-21所示。推广的商品会在多多进宝的各个流量位置展示，这样就能吸引更多推手，获得更多流量。

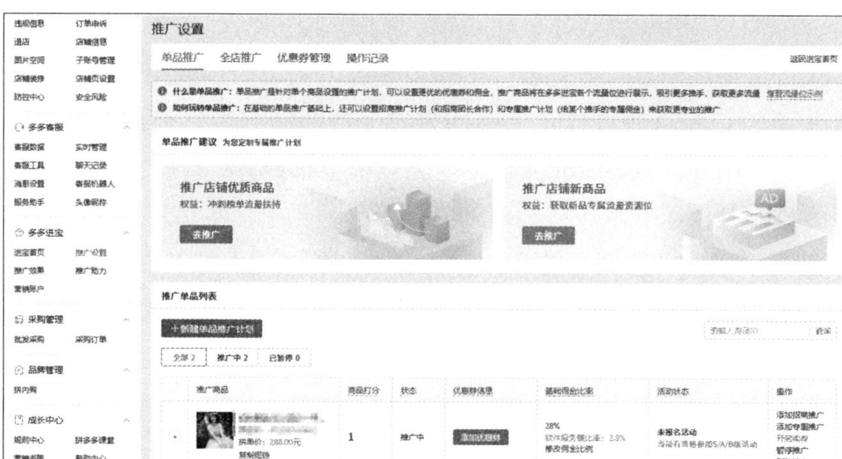

图4-21　开通单品推广计划

第 5 章

活动引流，轻松突破拼多多流量瓶颈

学前提示

拼多多的活动分为很多种，不同的活动会针对不同的商家群体，如营销活动、店铺活动、竞价活动、社交活动等，还有平日花样不断的各种促销活动，其中的很多活动都需要商家自己主动提报。活动是一个很大的逆袭机会，能够帮助商家轻松突破拼多多流量瓶颈。

要点展示

- **活动报名：** 打通流量引入通道
- **活动引流：** 激活店铺流量源泉

5.1 活动报名：打通流量引入通道

在移动互联网时代，电商的营销不再是过去那种“砸钱抢夺流量”的方式，而是以用户为核心，所有商家都在积极打造忠诚的用户社群体系，这样才能让店铺走得更长远。其中，做活动营销就是一种快速获得用户的方法，能够更好地为店铺引入流量，给产品和店铺带来更多展示机会，让商家彻底抓住用户的心。

5.1.1 了解拼多多的活动分类

拼多多的活动大致可分为平台活动和店铺活动两大类。平台活动包含营销活动和社交活动。其中，营销活动涵盖百亿补贴、大促活动、限时秒杀、9 块 9 特卖、潮流好价（图 5-1）、品牌秒杀、爱逛街、领券中心、品牌清仓、每日好店、电器城大促活动、省钱月卡等；社交活动则包括多人团（图 5-2）、砍价免费拿、助力享免单、一分钱抽大奖、多多果园、多多旅行、多多矿场等。

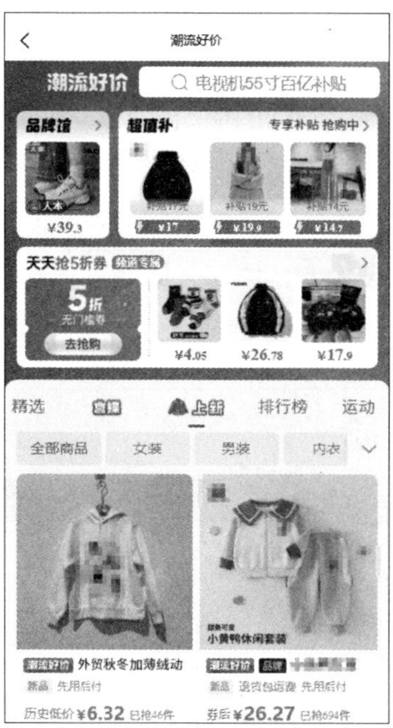

图 5-1　潮流好价活动

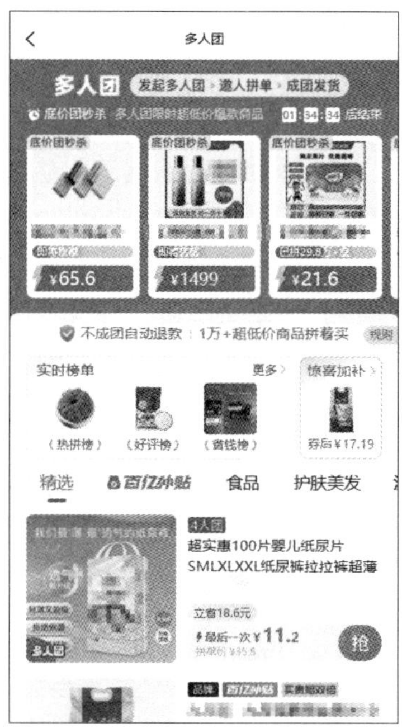

图 5-2　多人团活动

店铺活动主要有竞价活动、品质招标以及优惠券相关活动。优惠券活动又细分为拼单返现、多件优惠、限量促销、限时免单等形式。

根据活动的持续时间，又可以分为长期活动和短期活动。其中，长期活动是指可以让商品长期在活动资源位上进行推广，获得长久的流量曝光，如品牌清仓的日常精选、每日好店的好店精选、爱逛街的特价精选、领券中心和电器城等。

短期活动是指活动的资源位有一定的时间限制，商家可以通过价格让利来实现商品快速累计销量，如每日好店的神券好店、爱逛街的超值量贩、电器城的超级爆品、限时秒杀以及品牌秒杀等。

商家在选择活动时，最好进行长远规划，搭配各种短期和长期活动，来实现不同的营销目标，让店铺能够获得更长久的稳定流量。

5.1.2　做好活动报名准备工作

商家在报名参与活动之前，还需要做好一系列的准备工作，以便更加顺利地参与活动，获得更好的推广效果。活动的基本准备工作如图 5-3 所示。

商品优化 → 选择合适的商品参与活动，筛选精准的关键词制作商品标题，拍摄商品图片，以及主图和详情页的布局设计等

客服培训 → 安排好活动客服人员，并针对具体的活动类型进行培训，让他们清楚活动玩法和流程，能够轻松应对用户的各种问题

仓储发货 → 活动期间的订单量非常大，商家一定要提前备货，做好店铺的仓储管理，同时对接好快递公司，保证发货速度

活动预热 → 在活动前期可以通过装修设计来营造活动气氛，以及用营销工具来引流推广，提高店铺和商品的收藏量，提升人气

图 5-3　活动的基本准备工作

5.1.3　选择优质的活动资源位

扫码
看教学

拼多多平台上的每一个活动资源位都具有独特的优势，商家应善加利用，从中获取精准流量，从而提升商品的 GMV。选择优质活动资源位的基本思路可分为以下 3 个方面。

（1）明确活动类型： 了解其对店铺类型和商品类目的要求。

（2）资源位的定位： 结合自身商品特点，筛选出匹配度高的资源位。例如，商家主推的是应季新品，那么很适合参与爱逛街的超值量贩资源位活动。

（3）活动目的规划： 根据参与活动的核心目标，如提升权重、打造爆款、

积累销量或测试市场反馈，综合判断并选择最合适的资源位。合理规划活动策略，能显著提升资源投入的转化效率。

在拼多多运营中，面对海量活动资源位，商家常面临“选哪个更合适”的难题。传统方式依赖经验判断，容易遗漏高潜力机会。而通过 AI 分析商品属性、店铺阶段与活动规则，可实现智能匹配最优资源位，提升活动报名的成功率。以 DeepSeek 为例，相关案例如下。

提示词

请为“儿童防晒霜”推荐 3 个适合投放的拼多多活动资源位，并说明每个活动的匹配理由。要求：优先推荐有流量曝光的营销活动，如“限时秒杀”“9 块 9 特卖”“潮流好价”等，结合产品特性分析是否契合。

DeepSeek

为儿童防晒霜选择拼多多的活动资源位时，核心思路是结合产品自身的特性和不同活动的流量规则，实现精准曝光和高效率转化。

下面为你推荐 3 个非常匹配的营销活动，并通过表格直观展示它们的核心特点。

一、限时秒杀

这是拼多多当之无愧的顶级流量引擎，拥有极强的爆发力。

核心流量价值：活动在固定时间点开启，能在短时间内聚集海量用户，创造惊人的曝光量和销量，是快速打爆新品、清理库存的利器。

……

专家提醒

该案例中的提示词通过限定商品类型和活动类别，能够更好地引导 AI 输出基于类目属性的精准推荐，避免商家盲目报名，提高资源利用率与曝光效率。

5.1.4 达到活动报名条件门槛

虽然活动资源位的流量是免费的，但商家在报名时，系统针对店铺和商品都是存在门槛的，通常会要求商家做好活动准备、满足平台规则以及达到活动的考核条件。

商家也可以努力提升自己店铺的 DSR（detail seller rating，卖家服务评级系统）、近 90 天的有效评价数以及活动商品的基础销量，从这些方面来突破门槛，成功报名活动。具体来说，商家可以从提高参与活动的商品销量和好评率入手，作为突破活动门槛的切入点，如图 5-4 所示。

提升销量 → 商家可以从社交媒体和多多进宝两方面入手来提升新品销量，如站内的付费推广流量，站外的微信朋友圈、QQ空间、抖音和今日头条等渠道来为商品引流，累积基础销量

增加好评率 → 商家需要做好商品详情页的真实描述，使商品能够符合用户预期，同时做好物流服务、客服服务和售后服务，为用户带来更加优质的购物体验，争取到他们的好评

图 5-4　活动报名条件的突破点

另外，新品也不是完全没有可参与的活动，如 9 块 9 特卖（必抢超低价和生活小妙招资源位）、多人团、每日好店和限时秒杀活动，这些活动资源位对于 DSR 没有要求，商家可以根据需求来选择报名。

例如，多人团是拼多多 App 首页的一个独立频道，如图 5-5 所示。多人团的核心玩法是用户邀请好友，按照设定的拼团人数一起拼单，拼单成功后，用户便能以优惠价格购买活动商品。多人团活动具有站内高曝光、成团人数多、订单增长迅速的特点，还有机会获得免费的站外推广资源，可助力商家快速提升销量。

图 5-5　多人团活动频道入口

5.1.5 提高活动报名的通过率

很多商家信心满满地报名参与活动，但不久自己的报名便被系统驳回，这通常都是没有注意活动的细节要求而导致的。因此，商家在参与活动时，还需要注意一些事项，避免自己精心准备的活动无法参与，从而错失大量流量。

例如，爱逛街和9块9特卖这两个活动常见的驳回原因有：图片上有“牛皮癣”（图5-6）、采用过多的拼接图、价格高于站内同款商品、款式重复以及商品属性描述不明确等。

图5-6 错误图片案例（左图）和正确图片案例（右图）

活动的审核包括系统审核和人工审核两个环节，报名后首先进行系统审核，系统会自动驳回不符合规范的活动商品。商品通过系统审核后，接下来进入人工审核阶段。工作人员会针对活动商品的选品、SKU和库存、标题、图片、价格和评价等方面进行核实；商家也可以针对这些方面进行优化，以提高报名通过率。

5.2 活动引流：激活店铺流量源泉

在拼多多激烈的市场竞争中，热门活动的引流效果直接关系到商家销售的成败。本节将深入介绍拼多多热门活动的引流技巧，从用AI巧妙策划店铺活动方案，到挖掘拼多多营销活动、优惠券活动、竞价活动以及社交活动各自的引流玩法。

无论是借助 AI 的力量优化活动策划方案，还是充分利用不同活动类型的特性吸引流量，都将为商家在拼多多平台上提升曝光度、增加用户流量提供全面且实用的指导，助力商家在电商红海中脱颖而出。

5.2.1　用 AI 策划店铺活动方案

扫码
看教学

在拼多多运营中，店铺活动是提升转化率、打造爆款、清理库存的重要手段。然而，许多中小商家缺乏专业运营团队，难以设计出逻辑清晰、吸引力强的活动方案。越来越成熟的 AI 技术，可以帮助商家快速生成完整的店铺活动策划案，方案内容涵盖活动主题、规则设计、推广话术、时间节点与预期效果。

通过结构化提示词，AI 不仅能输出创意方案，还能结合商品特性、用户心理与平台规则，实现“低成本、高转化”的精准营销，真正让技术赋能日常运营。例如，店铺周年庆是提升品牌形象、集中引流的好机会，商家可以借助 AI 设计综合性大促活动，实现销量与口碑的双丰收。以 DeepSeek 为例，相关案例如下。

提示词

请为一家运营满一年的“母婴用品店”策划“周年庆大促”活动。要求：包含“全场 8 折”“满 199 抽奖”“老客带新客各得 50 元券”等玩法；设计 3 条朋友圈宣传文案；说明活动时间安排与客服配合事项。

DeepSeek

【爱婴小屋】一周年感恩庆典活动方案

活动主题：相伴一周年，感恩“育”见你

活动口号：您的信赖，是我们一周岁最好的礼物！

一、核心促销玩法

我们将用户要求的三大玩法有机结合，形成引流、提升客单价、促进复购与裂变的完整闭环。

1. 普惠狂欢：全场购物享 8 折！

内容：活动期间，店内所有商品（可特设少数特价品或指定品牌除外）一律享受 8 折优惠。

目的：基础引流，刺激消费，回馈所有新老客户，营造热烈的促销氛围。

……

专家提醒

该案例中的提示词通过整合促销、裂变与品牌传播元素，引导 AI 输出系统性的大促活动方案，帮助商家借势提升店铺权重与用户信任度。

5.2.2 拼多多营销活动的引流玩法

在拼多多平台上，商家可以参与多种形式的营销活动，如百亿补贴、品牌特卖、电器城、爱逛街、9 块 9 特卖以及限时秒杀等，来吸引更多潜在用户进店消费，迅速提升商品的流量和销售额。下面重点介绍百亿补贴、9 块 9 特卖与限时秒杀活动。

1. 百亿补贴活动玩法

百亿补贴活动是指拼多多官方给提供优质商品的商家进行精准补贴，报名成功的商品能够在站内外各个渠道获得更多免费流量，以促进商品有更好的销量。在拼多多商家后台进入“店铺营销→营销活动”页面，在“营销活动报名”选项区中，选择“百亿补贴”选项，即可看到相应的活动报名入口，如图 5-7 所示。

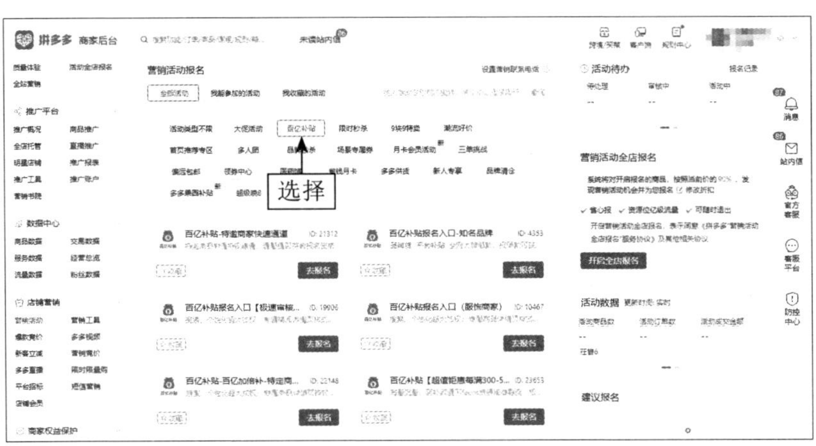

图 5-7　百亿补贴活动的报名入口

选择相应的百亿补贴活动后，单击“去报名”按钮，弹出“活动详情”窗口，商家可以在此查看活动介绍、报名时间、报名资质等信息，如图 5-8 所示。满足活动要求的商家，可以单击“立即报名”按钮，选择活动商品，并提交报名信息。

图 5-8　“活动详情”窗口

报名百亿补贴活动成功后，商家不仅可以获得相应标签，同时还将获得优先审核权和更高的审核通过率，以及在各频道页、搜索结果页和推荐场景中获得更大的加权权重，如图 5-9 所示。需要注意的是，百亿补贴活动的资源位只会展示报名的商品 SKU，而未报名的商品 SKU 则不会展示。

图 5-9　百亿补贴活动的首页资源位和频道页面

参与百亿补贴活动的商品，平台会在成本价的基础上给予一定比例的补贴，帮助用户买到更具价格优势的品牌商品。针对参与活动的商品补贴款，商家可以自主选择发放形式，包括“推广红包”和“货款汇入”两种方式。

2. 9 块 9 特卖活动玩法

9 块 9 特卖活动的定位为“低价物美的小商品频道”，适合价格在 29.9 元以下的小商品，其中价格不超过 10 元的商品非常好卖。在拼多多商家后台进入“店铺营销→营销活动”页面，在“营销活动报名”选项区中，选择“9 块 9 特卖”选项，即可看到相应的活动报名入口，如图 5-10 所示。

图 5-10　9 块 9 特卖活动的报名入口

9 块 9 特卖活动的基本要求为：店铺需要开通并使用电子面单服务；店铺不得处在处罚期；店铺近 90 天的描述、物流和服务评分要高于行业平均水平的 25%；医药健康类目店铺须有相关资质才可报名。图 5-11 所示为 9 块 9 特卖活动的频道页面，其频道入口位于拼多多 App 首页图标区，拥有超大流量，同时也是拼多多转化率最高的频道之一。

3. 限时秒杀活动玩法

限时秒杀活动的定位为“大流量和快速成单”，适用于有一定出货能力且需要快速积累销量的质优价好的商品。

在拼多多商家后台进入“店铺营销→营销活动”页面，在“营销活动报名”选项区中，选择“限时秒杀”选项，即可看到相应的活动报名入口，如图

5-12 所示。注意，限时秒杀活动对于商品有一些基本要求和审核标准，包括价格、标题、图片和库存等，具体要求商家可以进入“活动详情”窗口查看。

图 5-11　9 块 9 特卖活动的频道页面

图 5-12　限时秒杀活动的报名入口

限时秒杀活动的流量入口位于拼多多 App 首页导航栏的第一个图标位置，不仅拥有千万级流量，而且转化率非常高，其频道页面和部分资源位如

图 5-13 所示。

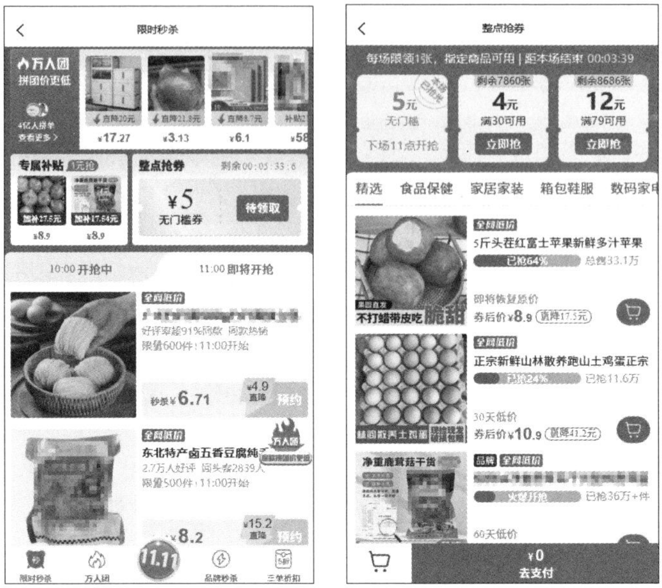

图 5-13　限时秒杀活动的频道页面和部分资源位

5.2.3　拼多多优惠券活动的引流玩法

店铺活动以优惠券为主，主要集中在拼多多商家后台的“店铺营销→营销工具”页面中，包括全站营销、限时限量购、新客立减、店铺满减、店铺打折等，如图 5-14 所示，商家可以选择适合自己的营销工具。

图 5-14　“营销工具”页面

单击“全部营销工具”按钮，弹出“全部营销工具”对话框，可展示拼多多的全部营销工具，为商家提供多维度的营销支持，如图 5-15 所示。全部营销工具按功能可分为 4 类：提高店铺流量方面，有跨店满返、店铺会员等工具，助力吸引新客与召回老客；提高支付转化率方面，全站营销、限时限量购等可有效促进用户下单；提高客单价方面，店铺满减、店铺打折等能刺激用户增加消费金额；店铺运营方面，挽单工具、评价有礼金等有助于店铺日常运营与管理。

图 5-15　“全部营销工具”对话框

例如，限时限量购活动是一种通过对折扣促销的商品货量进行限定，来实现“饥饿营销”的目的，可以快速提升店铺人气和 GMV。可选择“限时限量购”选项进入其页面，单击“立即创建”按钮，如图 5-16 所示。

图 5-16　单击“立即创建”按钮

执行操作后，进入“创建限时限量购”页面，中间部分为活动设置区域，商家可选择“限量促销”或“限时促销”类型，如图 5-17 所示。

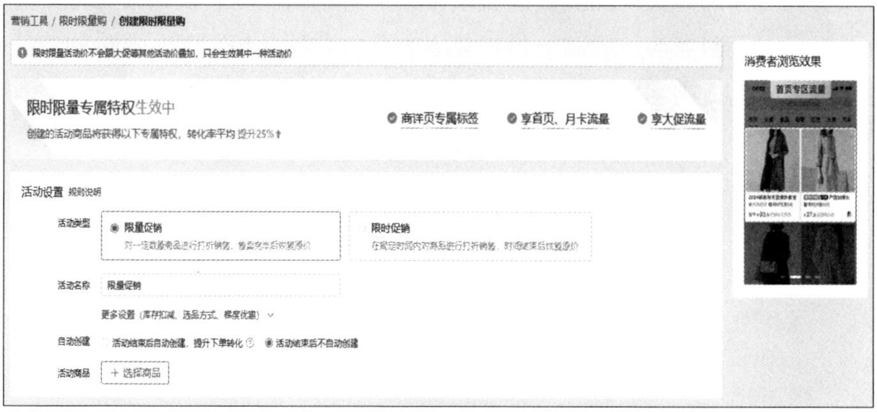

图 5-17 “创建限时限量购”页面

专家提醒

“限量促销”聚焦于商品数量，是对一定数量的商品进行打折销售，售完即止，售完后恢复原价，利用稀缺性刺激用户购买；“限时促销”则侧重于时间限制，在规定时间内对商品打折，时间一到恢复原价，通过时间紧迫感促使用户尽快下单。商家可根据商品特点、销售目标等，灵活选择适合的促销方式，以提升商品销量和转化率。

单击“添加商品”按钮，弹出“选择商品”对话框，商家可以在“可选”列表中选择要参与活动的商品。如果没有可选商品，商家也可以在该对话框中切换至“不可选”选项卡，查看具体的不可选原因，如图 5-18 所示，然后根据系统提示调整商品，使其达到活动参与要求。

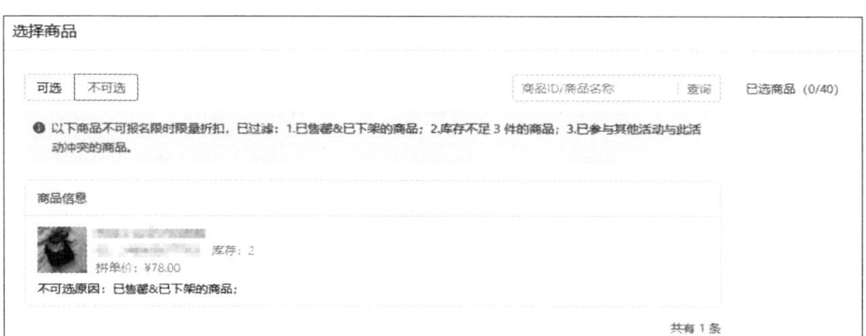

图 5-18 查看具体的不可选原因

设置好商品后，即可在“可选”列表中选择商品，如图 5-19 所示。

单击“确认选择”按钮，即可添加活动商品，然后设置相应的活动库存、促销维度、折扣等选项，如图 5-20 所示。限时限量购的活动价会独立生效，不会与其他大促活动价叠加。

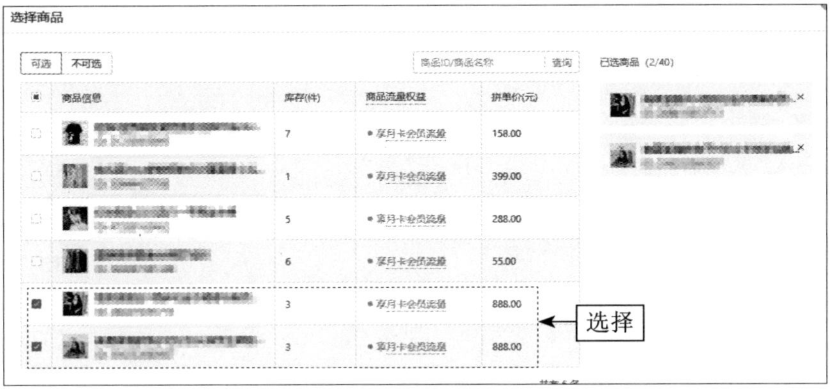

图 5-19　选择商品

图 5-20　商品及折扣设置

专家提醒

折扣与活动价能够直观呈现优惠力度，吸引用户购买。商品流量权益能为商品带来额外曝光。另外，商家还可以批量设置折扣，提高操作效率，快速为多个商品设定统一优惠，简化流程。

设置完成后，单击“创建”按钮，即可创建限时限量购活动，同时会自动跳转到“商品价格管理”页面，商家一定要仔细检查商品价格，查看其是否有足够的利润空间，如图 5-21 所示。

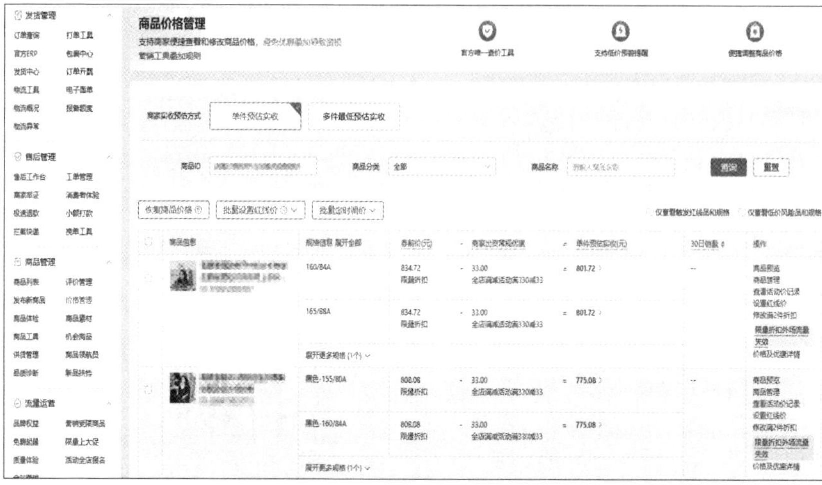

图 5-21 “商品价格管理”页面

创建限时限量购活动后，商家可以进入店铺首页或者相应的商品详情页面，查看活动标签，如图 5-22 所示。商家创建限量促销活动时，可以对商品价格折扣和库存数量进行自定义设置，售完后恢复原价，创建活动后可以获得独有标签，吸引更多用户点击。

图 5-22 查看活动标签

5.2.4　拼多多竞价活动的引流玩法

竞价活动是打造热销商品的有效方式，也是晋升拼多多首页以及热销资源位的一个便捷通道，能够帮助商家轻松获得百万甚至千万级的流量。竞价活动包括营销竞价和爆款竞价两种类型，相关介绍如下。

（1）营销竞价：是一种针对商家的促销活动。通过提报同款低价商品，有价格优势的商品将被推广到百亿补贴或秒杀万人团等资源位，获得更多的流量和曝光，从而提高商品销量和市场份额。

（2）爆款竞价：同样是利用商品价格优势，快速获得巨大流量的一种活动。全网热销商品会在竞价页面展示，如果你店铺的商品与其他竞品在样式、规格、材质等方面基本相同，并且你的报价更低，就可以参与竞价。

对于那些刚上架的没有流量和销量的商品来说，竞价活动是一种很好的引流方式，可以让优质商品一步登上拼多多首页的顶级热销资源位。以营销竞价活动为例，在拼多多商家后台进入“店铺营销→营销竞价”页面，即可查看营销竞价活动的参考商品，如图 5-23 所示。

图 5-23　“营销竞价”页面

商家可以根据营销活动类型、商品类目、商品名称、商品品牌、SPUID（standard product unit identifier，标准产品单元标识符）和活动 ID 等条件来查询竞品。例如，百亿补贴全国竞价活动精选了百亿补贴资源位的热销款作为参考商品，商家只要提报符合条件的同款更低价的商品，就有机会上百亿补贴活动资源位，获得更多的流量倾斜。

若商家的店铺有参考商品的同款商品，即可单击“有同款，参与竞价”按钮，参与竞价。需要注意的是，报名商品和店铺基础销量、评价数量等需要满足相应要求，且只接受同款商品进行竞价。

5.2.5 拼多多社交活动的引流玩法

拼多多的社交活动显而易见，都有极强的社交属性，通常会要求用户分享活动，邀请多人共同参与，从而帮助商品或店铺实现裂变传播引流。

例如，多多果园就是一种热门的社交活动，可以帮助商家轻松提升销量，活动商品均会计入店铺销量。只要成为多多果园的供货商家，平台就会报销商品成本和运费成本，帮助商家降低推广成本。多多果园的活动入口位于拼多多 App 首页，是一个具有极高曝光量的资源位，参与活动即可坐拥超高流量。

进入多多果园活动的频道页面后，用户可以种植和培育树苗，当树苗长大结果后，用户可以获得免费的水果，如图 5-24 所示。用户可以点击水壶给树苗浇水，如图 5-25 所示，每次浇水都寄托着对收获的期待。在这一过程中，用户会频繁登录参与活动，黏性增强，也为参与活动的商家带来持续流量关注。

图 5-24　多多果园活动的频道页面

图 5-25　给树苗浇水

点击“领水滴”按钮，进入限时任务列表，完成相应的活动，可获得对应的水滴道具奖励，如图 5-26 所示。在多多果园活动的频道首页或“领水滴”任务列表中，选择“多多逛好物”选项，进入多多果园的“逛好物抽免单”界面，如图 5-27 所示。这里汇聚了众多商品，有较高的曝光度，商家商品若能展示其中，可被大量用户浏览。用户为获取水滴而点击商品，会提高商品点击率。用户还可能会因兴趣产生购买行为，直接提升商品销量。

图 5-26　“领水滴”任务

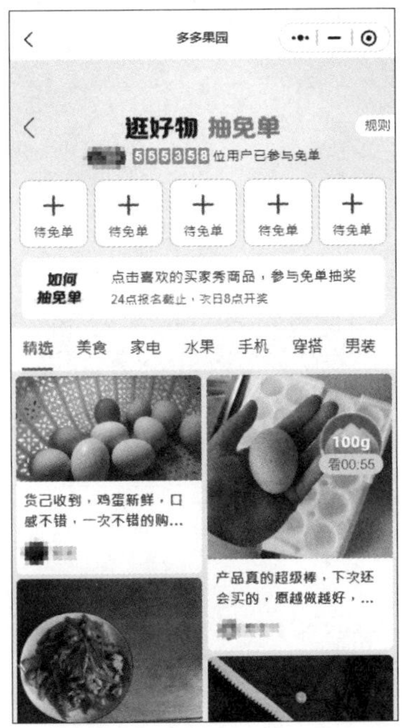

图 5-27　“逛好物抽免单”界面

另外，用户可以前往好友的果园“偷水滴”，如图 5-28 所示。这种互动方式极大地增强了活动的趣味性和社交性，促使用户主动邀请好友加入，形成裂变效应。商家可借助这一过程，让商品信息在用户社交圈中广泛传播。同时，用户间的互动也提高了用户黏性和平台活跃度，为商家带来持续流量，实现“品效合一”的营销效果。

进入拼多多商家后台的“店铺营销→平台招标”页面，在“活动招标商品”选项区的“活动类型”下拉列表框中选择“多多果园”选项，如图 5-29 所示。当商家找到自家同款商品后单击“有同款，立刻报名”按钮，后续按照流程完成报价、填写信息以及提交报名等步骤，等待审核通过后即可参与供货。

图 5-28　前往好友的果园“偷水滴”

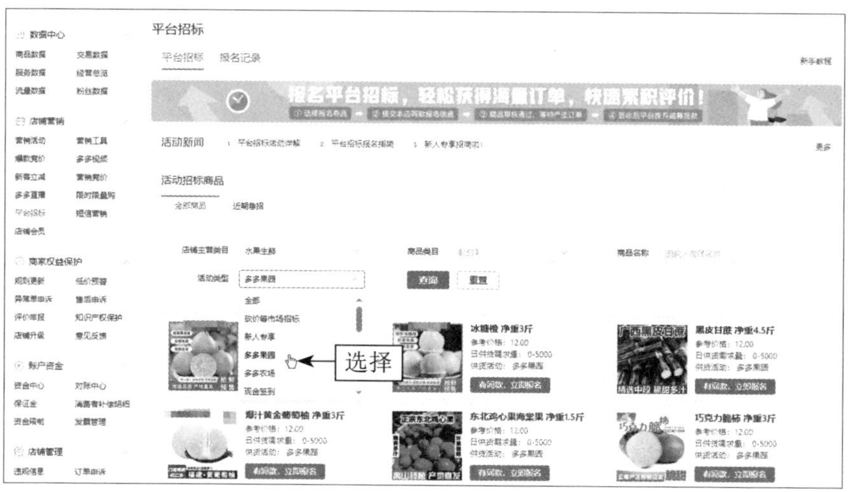

图 5-29　选择“多多果园”选项

借助多多果园活动的高流量和社交属性，商品信息能在用户间传播，吸引更多潜在客户，扩大商品受众范围，为商家带来持续且精准的流量，助力商家提升店铺知名度和商品转化率。

第 6 章 视频引流，AI 智能创作实现流量增长

学前提示

如今，视频以其生动直观的形式，成为吸引用户注意力的利器。而 AI 创作技术的出现，更是为视频引流带来了新的机遇。本章主要介绍如何借助多多视频和积木视频等工具，结合 AI 智能创作技术，利用视频为商品带来更多曝光，实现店铺流量的显著增长。

要点展示

- **多多视频：**大幅增加商品曝光机会
- **积木视频：**一键生成商品轮播视频

6.1 多多视频：大幅增加商品曝光机会

多多视频作为拼多多平台重要的内容展示窗口，为商品曝光提供了广阔空间。了解多多视频的基本规则与玩法是基础，而拼多多 AI 图生视频与即梦 AI 图生视频功能，更是为商家创作视频提供了高效便捷的途径。另外，利用商品讲解、商家及达人带货视频引流，能让商品在众多竞品中崭露头角，大幅提升曝光机会。

6.1.1 了解多多视频

多多视频作为一个重要的营销工具，为商家开辟了全新的商品引流与销售渠道，它打破了传统图文展示的局限，以动态、直观的视频形式，将商品的特点、使用方法等生动地呈现给用户，有效吸引用户的注意力，增加商品曝光机会，进而提升店铺的流量与转化率。

在拼多多商家后台的“店铺营销”板块下单击“多多视频”链接，即可进入拼多多创作者服务平台中的“多多视频”页面，如图 6-1 所示。

图 6-1 “多多视频”页面

单击“添加视频”按钮，商家可以上传自己的带货视频。建议具备视频制作能力的商家使用自制的带货视频，这样商品的适配度更高，更易通过审核。

上传后的视频会进入审核流程，审核通过后将在商品详情页的悬浮窗与“多多视频”界面中展示，助力提升下单转化率。另外，商家还能在“多多视频”页面查看视频的相关数据，如商品讲解覆盖率等，以便了解视频的引流效果。

6.1.2　拼多多 AI 图生视频

扫码
看教学

拼多多推出的图生视频功能，借助 AI 视频技术，能够将商品图片快速转化为生动的视频效果，为商家提供了一种便捷高效的视频创作方式，助力商家在激烈的市场竞争中脱颖而出。其具体操作方法如下。

步骤 1 进入“拼多多智能生成工具”页面，切换至“图生视频”功能区，如图 6-2 所示。

步骤 2 在“上传图片”选项区中，单击“重传商品图”按钮，如图 6-3 所示。如果商家是第一次使用，则此处是“选择商品图片”按钮和“上传本地图片”按钮。

图 6-2　切换至“图生视频”功能区

图 6-3　单击“重传商品图”按钮

步骤 3 弹出“选择商品图片”对话框，商家可以从已上传的商品图片中进行选择，如图 6-4 所示。

图 6-4　选择相应的商品图片

步骤 4 单击“确认”按钮，❶即可上传商品图片；视频时长默认设置为 2～5 s，❷单击“智能生成视频”按钮；稍等片刻，即可生成视频，❸单击视频效果的缩略图，如图 6-5 所示。

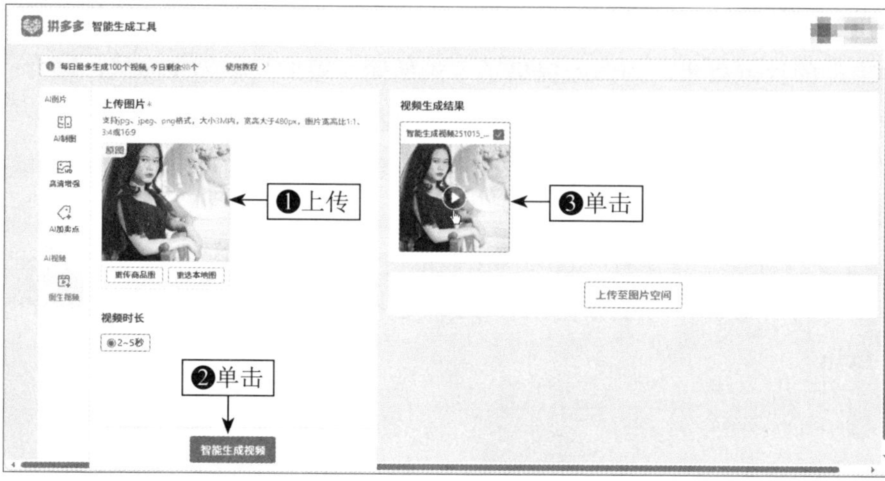

图 6-5　单击视频效果的缩略图

步骤 5 执行操作后，即可预览视频效果，单击下方的“上传至图片空间”按钮，如图 6-6 所示。

步骤 6 弹出信息提示框，提示视频已上传至图片空间，如图 6-7 所示，后续可用于商品展示等场景。

图 6-6　单击“上传至图片空间”按钮

图 6-7　视频已上传至图片空间

6.1.3 即梦 AI 图生视频

扫码
看教学

即梦 AI 的图生视频功能，为商家提供了一种高效、便捷的视频生成方式。通过将静态商品图片转化为生动的视频，能够更好地展示商品细节、使用场景等，吸引用户的注意力，提升商品的点击率和转化率。下面介绍即梦 AI 图生视频的操作方法。

步骤 1 进入即梦 AI 的“生成”页面，❶ 设置“创作类型”为“视频生成”、“选择模型”为“视频 3.0”、生成模式为“主体参考”、“视频时长”为 5s；❷ 单击“上传参考图”按钮，如图 6-8 所示。

步骤 2 弹出“打开”对话框，选择相应的图片素材，如图 6-9 所示。

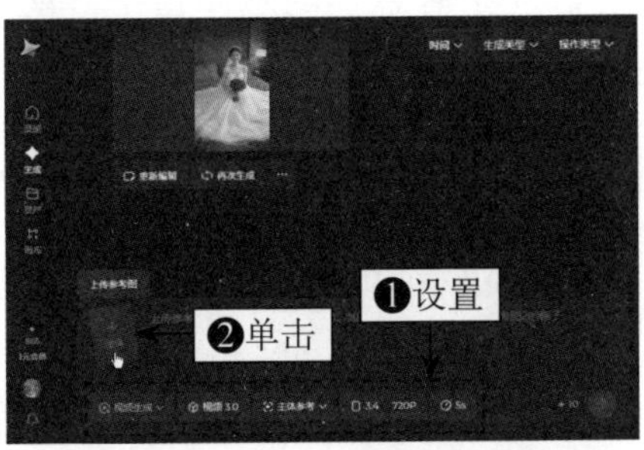

图 6-8　单击“上传参考图”按钮

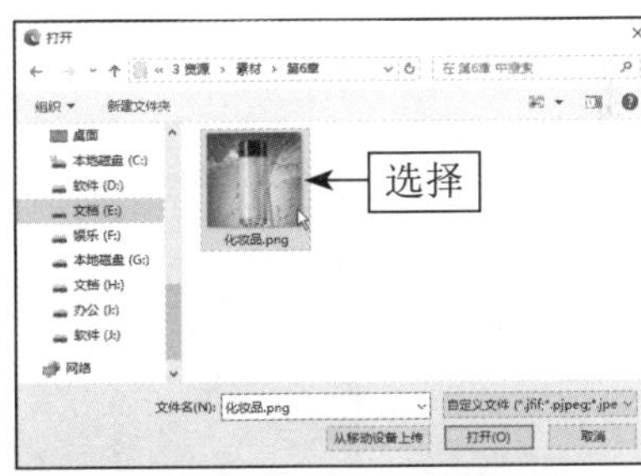

图 6-9　选择相应的图片素材

步骤 3 单击“打开”按钮，❶ 即可完成上传参考图；❷ 输入相应的提示词，如“让瓶子缓慢旋转，水花持续环绕飞溅”；❸ 单击发送按钮，即可发送图生视频任务并进入排队通道，如图 6-10 所示，生成过程中可以实时查看进度。

步骤 4 稍等片刻，待视频生成完成后，可预览视频效果，如图 6-11 所示。若满意则可以下载视频，然后上传到拼多多平台用于商品展示或带货。

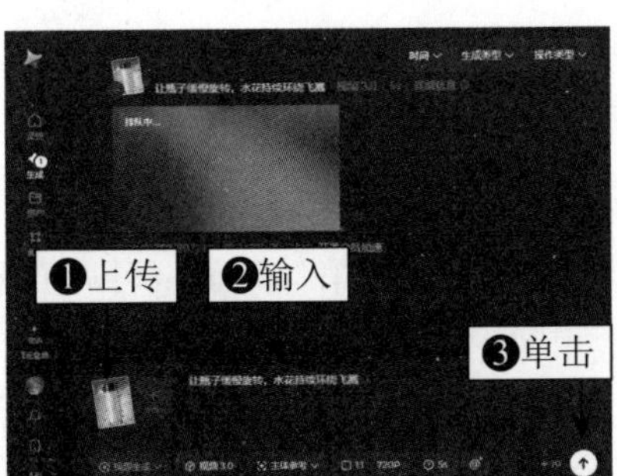

图 6-10　发送图生视频任务

图 6-11　预览视频效果

专家提醒

由于本书篇幅有限，对即梦 AI 的操作仅进行了简要介绍。即梦 AI 功能强大，在视频生成方面有着丰富的玩法。如果读者希望深入掌握即梦 AI 的视频生成技巧，推荐阅读《人工智能 剪映+即梦 AI：文案、图片与视频生成技巧大全》一书。该书详细阐述了即梦 AI 与剪映结合的多种实用技巧，能帮助读者进一步提升视频创作水平，在电商视频营销等领域发挥更大作用。

6.1.4 使用商品讲解视频引流

在拼多多平台上，商品讲解视频已成为商家引流和提升转化率的重要工具。将商品讲解视频展示在商品详情页全天 24 小时悬挂的悬浮窗中，能够为用户提供更直观、详细的商品信息，如图 6-12 所示。

图 6-12 商品讲解视频示例

用户通过观看视频，可以清晰地了解商品的材质、尺寸、颜色、上身效果以及使用方法等，这不仅能增强用户对商品的认知，还能有效激发用户的购买欲望，为店铺引入更多流量，提高商品的下单转化率，进而提升商家的销售业绩。

在拼多多创作者服务平台进入“内容管理→商品讲解”页面，可以查看商品讲解覆盖率、发布视频数、有讲解商品数、未开启悬浮窗商品数等数据，了解商品讲解视频的整体情况，如图 6-13 所示。通过商品列表，还能看到具体商品的讲解状态、成交金额、播放次数等信息。

对于无可用讲解视频的商品，可以单击“上传讲解”按钮。按照系统提示，上传准备好的商品讲解视频，确保视频内容能够清晰、准确地介绍商品特点和优势。上传并审核通过后，商品讲解视频将在商品详情页悬浮窗展示，为商品引流。

图 6-13　“商品讲解”页面

6.1.5　使用商家带货视频引流

商家带货视频是拼多多商家用于推广商品、引导用户购买的一种视频形式，它通过直观、生动的画面展示商品的特点、使用方法、优势等，以吸引用户的注意力，激发用户的购买欲望，进而实现商品销售和流量增长的目的。

在拼多多创作者服务平台进入“内容管理→商家带货视频”页面，可以查看已发布带货视频的商品信息、发布视频个数以及近 30 天短视频的总支付金额、总支付订单数、总支付人数等数据，如图 6-14 所示。

图 6-14　“商家带货视频”页面

商家带货视频的时长需在 15 秒到 5 分钟之间（15 秒到 2 分钟最佳），要与商品完全匹配，避免品牌和营销信息不一致，且不能是黑边、PPT、无声等低质视频，不能有重复视频和敏感词，要保持高清画质（分辨率 720P 及以上），最好有真人稳定出镜介绍商品。上传后等待平台审核，审核通过的视频将在拼多多 App 的“多多视频”界面展示，起到引流作用。

与传统的图文展示相比，商家带货视频能够更全面、真实地呈现商品信息，让用户更直观地了解商品，增强对商品的信任感。合理利用商家带货视频进行引流，可以有效提高商品的点击率和转化率，为店铺带来更多的流量和收益。

6.1.6 使用达人带货视频引流

达人带货视频是指拼多多平台上的达人（开通多多视频号，且具有一定粉丝量和影响力的用户）针对特定商品制作的推广视频，如图 6-15 所示。这些达人凭借自身的专业度、口碑和粉丝基础，通过生动有趣的视频内容，向粉丝和广大用户展示商品的特点、使用体验等，引导用户购买商品。

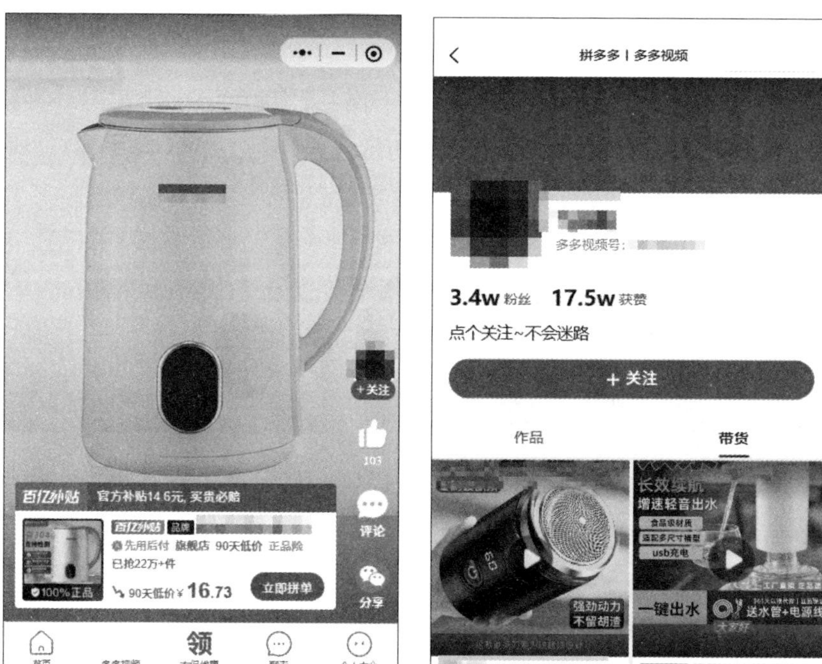

图 6-15 达人带货视频和多多视频号示例

商家需要先与拼多多平台上的达人达成合作意向，确定推广的商品和合作细节，如佣金比例等。达人根据合作约定，制作商品推广视频，并上传至拼多多平台。在拼多多创作者服务平台中，达人可进入“达人带货视频”相关页面，按照要求填写商品 ID 等信息，将视频与对应商品进行关联后发布。

商家进入拼多多创作者服务平台的“达人带货视频”页面后，可以通过输入商品 ID、商品名称等筛选条件，查看达人发布的与自己商品相关的带货视频情况，包括近 30 天达人发布的视频数、达人视频的支付金额、达人视频的支付订单数、达人视频的支付人数等数据，如图 6-16 所示，以便评估达人的带货效果。

图 6-16　“达人带货视频”页面

在拼多多电商生态中，达人带货视频是一种高效的引流和销售促进方式。相较于商家自产的视频，达人带货视频往往更具亲和力和公信力。达人的专业推荐和真实体验分享，能够快速拉近商品与用户之间的距离，激发用户的购买欲望。

同时，达人带货视频在平台的短视频流量池以及首页等重要资源位有更多展示机会，有助于商品获得更多流量，带动 GMV 的提升。商家借助达人带货视频引流，可以更好地把握爆款特征、流行趋势以及用户喜好，优化商品选品和推广策略。

6.2 积木视频：一键生成商品轮播视频

积木视频是拼多多官方推出的一款视频制作工具，拥有众多的行业模板可选择，能够帮助商家将店内的商品一键生成视频，即使没有剪辑基础的商家也可轻松制作商品轮播视频，助力商家提升店铺流量和转化率。

6.2.1 根据行业选择视频的模板

扫码
看教学

积木视频拥有多种行业和不同尺寸的模板可供商家选择，如服饰、数码 3C[①]、车品、玩具、居家日用、母婴家装、食品饮料、电器、美妆等行业。下面介绍选择视频模板的操作方法。

步骤 1 在拼多多商家后台进入“商品管理→商品素材→素材工具”页面，在“视频制作”选项区中，单击“立即使用”按钮，如图 6-17 所示。

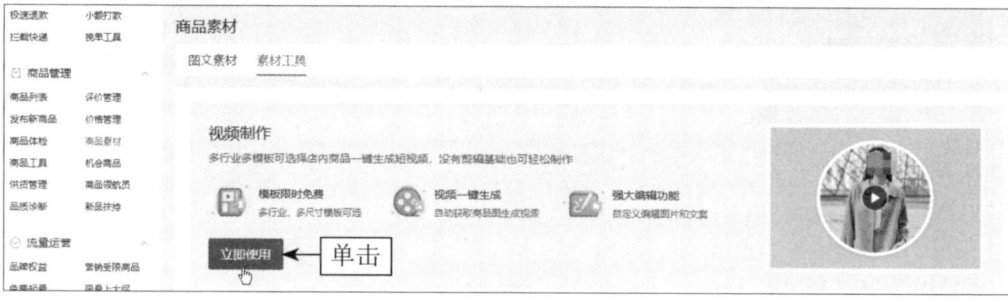

图 6-17 单击“立即使用”按钮

步骤 2 进入“积木视频”的引导页面，单击“立即使用”按钮，如图 6-18 所示。

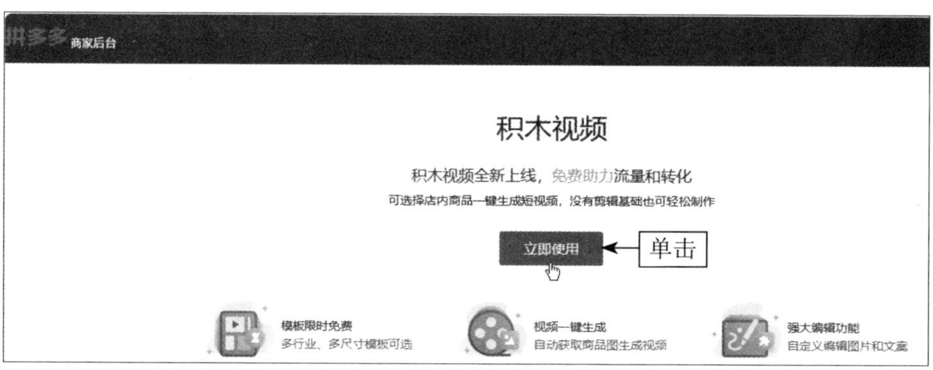

图 6-18 单击“立即使用”按钮

步骤 3 进入“积木视频”的制作页面，商家可以根据视频尺寸和行业风格来筛选模板，单击相应的模板缩略图，如图 6-19 所示，即可预览模板视频效果。

① 3C 是计算机类（computer）、通信类（communication）和消费类（consumer）电子产品的统称。

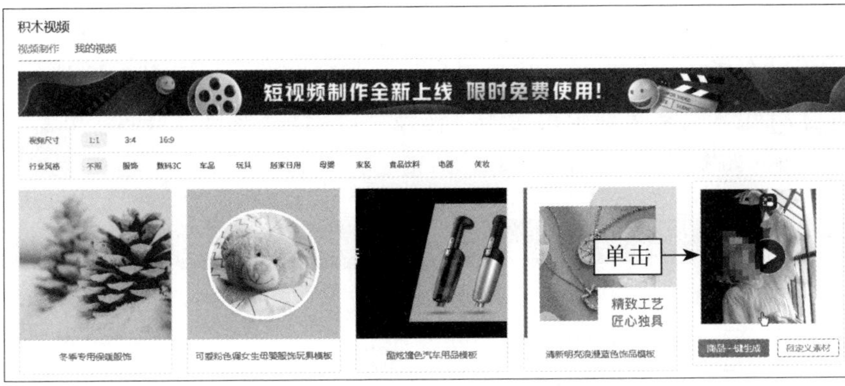

图 6-19　单击相应的模板缩略图

6.2.2　商品轮播视频的制作方式

扫码
看教学

商家选择好自己想要使用的模板之后，可以选择“商品一键生成”或“自定义素材”两种方式来自动制作商品轮播视频。

例如，单击“商品一键生成”按钮，弹出“选择商品生成视频”对话框，如图 6-20 所示。选择好店内的商品后，系统会自动获取该商品的素材图片并进行筛选，将其中的优质图片自动替换进视频模板中。

图 6-20　“选择商品生成视频”对话框

下面以“自定义素材”为例，介绍制作商品轮播视频的操作方法。

步骤 1 选择相应模板后，单击“自定义素材”按钮，如图 6-21 所示。

步骤 2 进入拼多多商家后台的“视频工具 / 选择素材”页面，单击“本地上传”按钮，如图 6-22 所示。

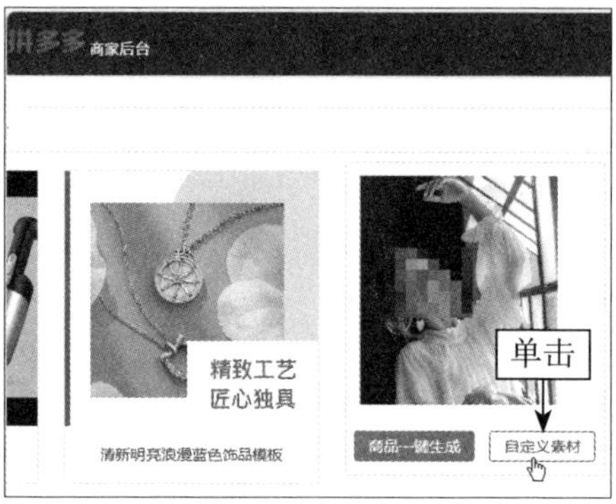

图 6-21　单击“自定义素材”按钮

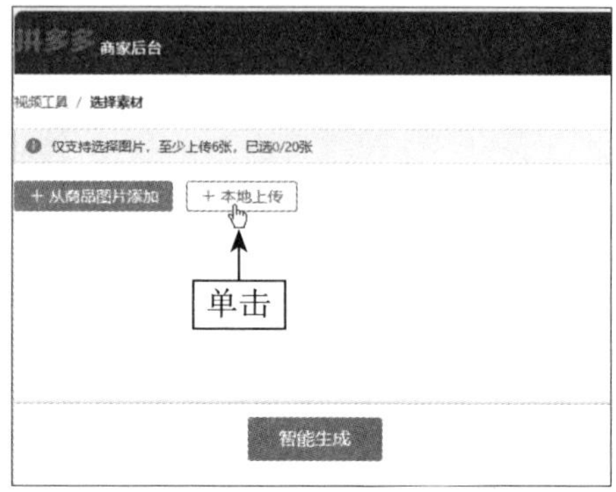

图 6-22　单击“本地上传”按钮

步骤 3 弹出“打开”对话框，选择相应的图片素材，如图 6-23 所示。

步骤 4 单击“打开”按钮，❶ 即可上传图片素材；❷ 单击底部的“智能生成”按钮，如图 6-24 所示，即可生成视频。

图 6-23　选择相应的图片素材

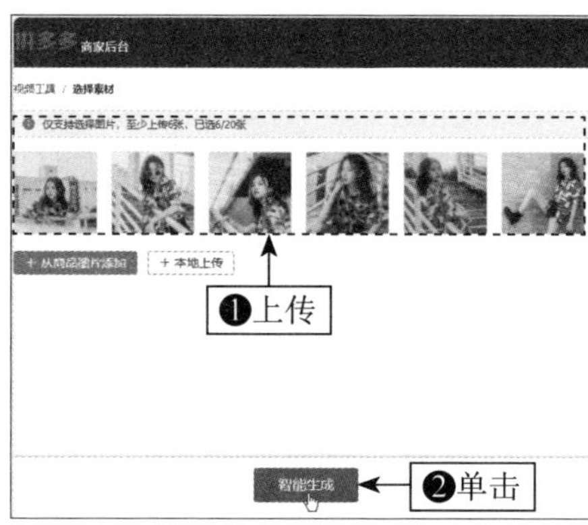

图 6-24　单击“智能生成”按钮

6.2.3　商品视频素材的编辑处理

扫码
看教学

在视频编辑页面，商家可以对每个片段进行编辑，修改其中的图片和文案内容。下面介绍编辑视频素材的操作方法。

步骤 1 生成视频后，单击相应片段下方的“编辑”按钮，如图 6-25 所示。

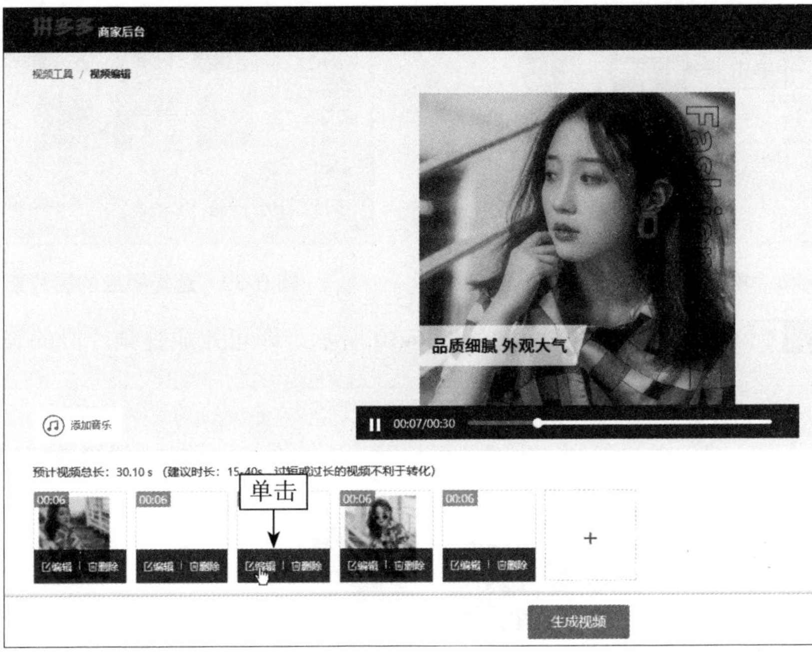

图 6-25　单击“编辑”按钮

步骤 2 执行操作后，弹出“编辑片段”对话框，如图 6-26 所示。

步骤 3 在“字幕”文本框中输入新的文案，如“优质面料 顺滑亲肤”，如图 6-27 所示。

图 6-26　弹出“编辑片段”对话框

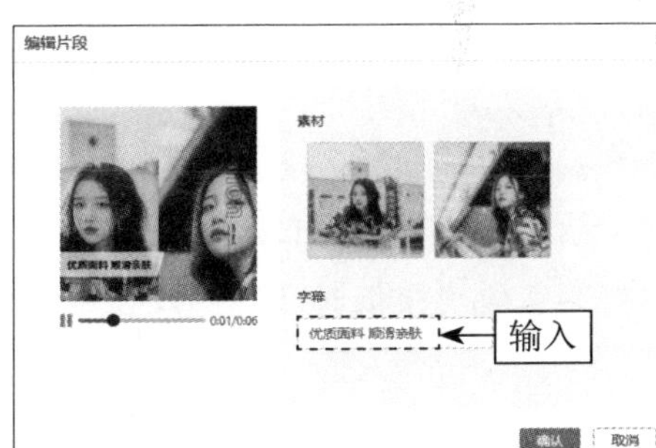

图 6-27　输入新的文案

步骤 4 将鼠标移至素材缩略图上，单击“上传本地图片”按钮，如图 6-28 所示。

步骤 5 弹出“打开”对话框，选择相应的图片素材，如图 6-29 所示；单击“打开”按钮，即可更换图片素材。

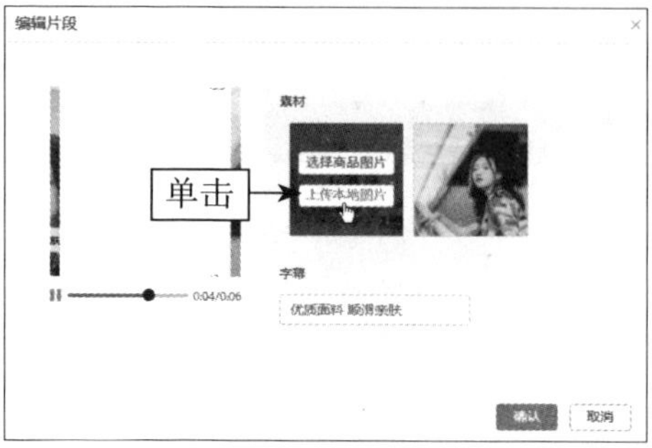

图 6-28　单击“上传本地图片”按钮

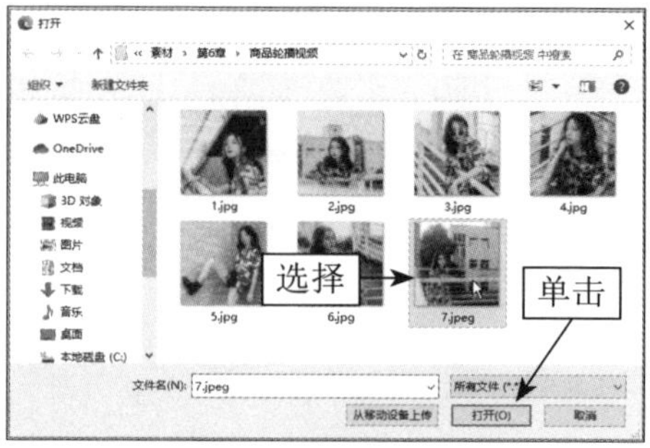

图 6-29　选择相应的图片素材

步骤 6 单击“确认”按钮，如图 6-30 所示，即可完成视频片段的编辑。

图 6-30　单击“确认”按钮

专家提醒

在编辑文案内容时，注意一定要与实际情况相符合，否则系统一旦发现商家使用模板时没有修改合适的文案，会考虑关闭商品轮播视频权限。

6.2.4　为商品视频添加背景音乐

扫码看教学

商家还可以选择视频的背景音乐。不过预览视频时音乐不会播放出来，只有在视频渲染完成后才能听到音乐。下面介绍添加视频背景音乐的操作方法。

步骤 1 在“视频编辑”页面中，单击“添加音乐”按钮，如图 6-31 所示。

步骤 2 弹出“选择音乐”对话框，单击“舒缓”标签，如图 6-32 所示。

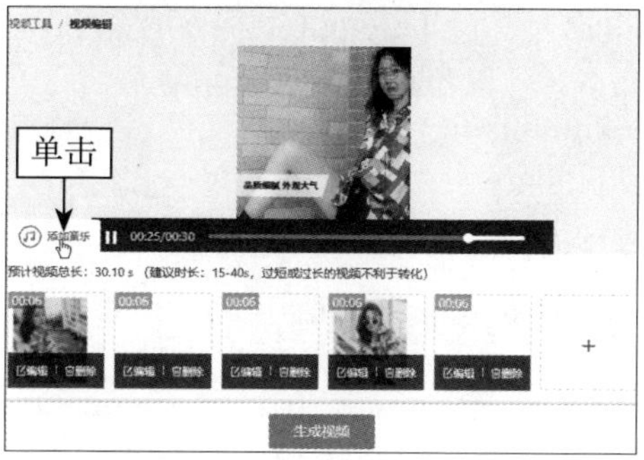

图 6-31　单击“添加音乐”按钮

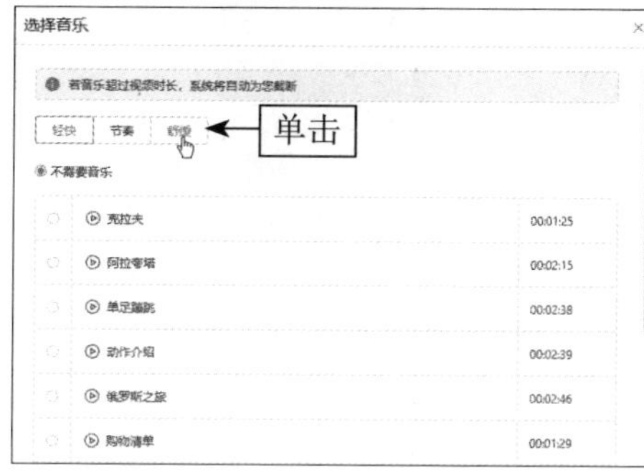

图 6-32　单击“舒缓”标签

步骤 3 在“舒缓”选项卡中选中相应音乐前的单选按钮，单击播放按钮⊙可以进行试听，如图 6-33 所示。

步骤 4 单击“确认”按钮，即可完成添加背景音乐，如图 6-34 所示。

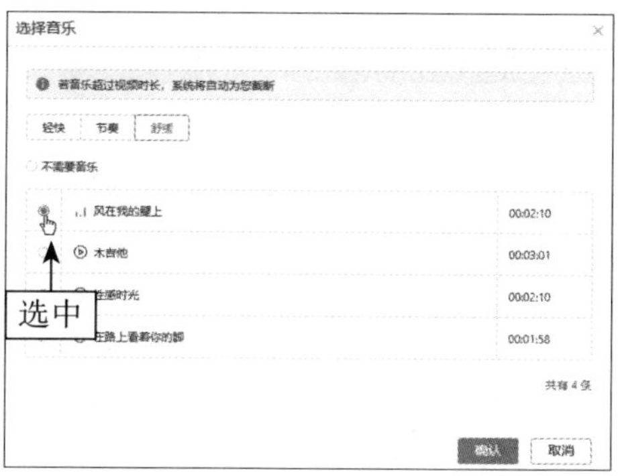

图 6-33　选中相应音乐

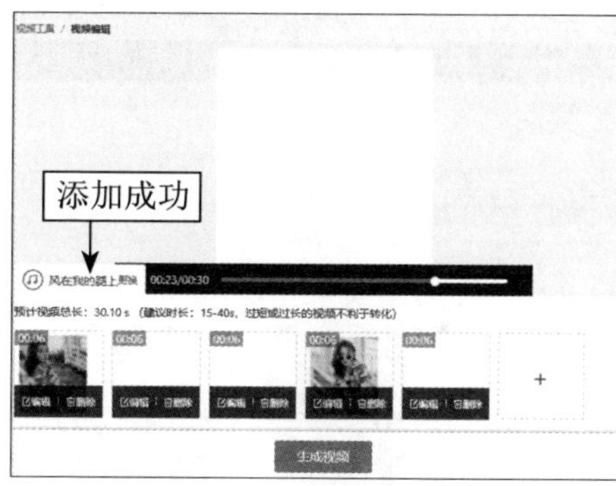

图 6-34　添加背景音乐

6.2.5　商品轮播视频的保存方法

扫码
看教学

在保存视频时，商家可以选择只保存视频而不添加到商品中。如果商家已经上传了对应的商品，建议商家还是直接选择商品进行视频上传，否则还要去商品编辑页面重新上传视频。下面介绍保存商品轮播视频的操作方法。

步骤 1 视频编辑完成后，单击页面下方的“生成视频”按钮，如图 6-35 所示。

步骤 2 弹出信息提示框，单击“查看我的视频”按钮，如图 6-36 所示。

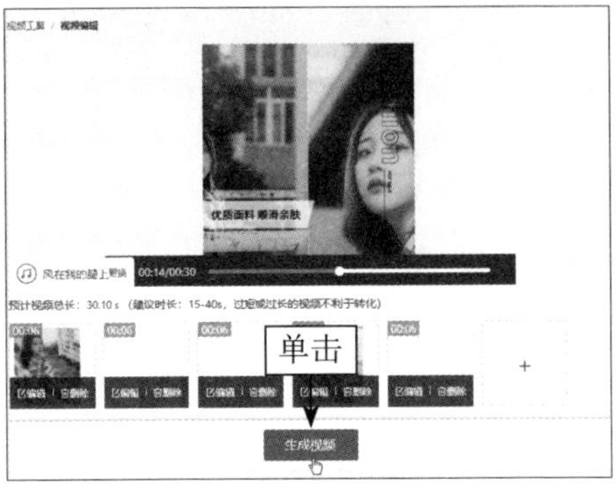

图 6-35　单击“生成视频”按钮

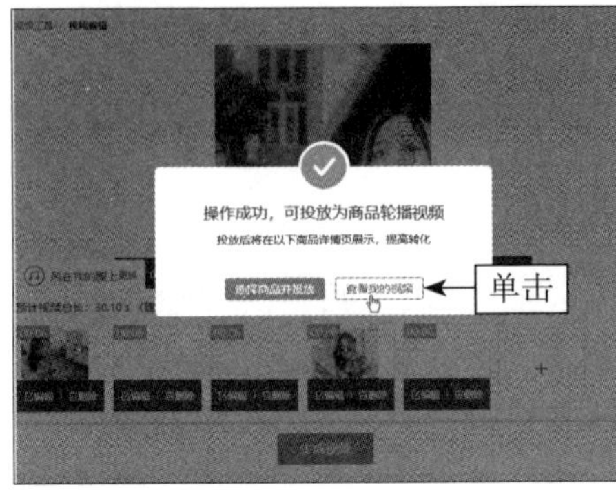

图 6-36　单击“查看我的视频”按钮

步骤 3 执行操作后，进入“我的视频”标签页面，即可看到生成的商品轮播视频，如图 6-37 所示。

步骤 4 在视频上单击鼠标右键，在弹出的快捷菜单中选择“将视频另存为”选项，如图 6-38 所示，即可将视频保存到电脑上。

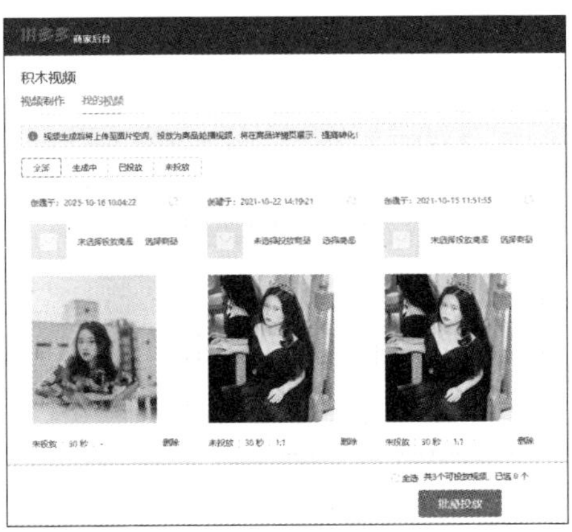

图 6-37　“我的视频”页面

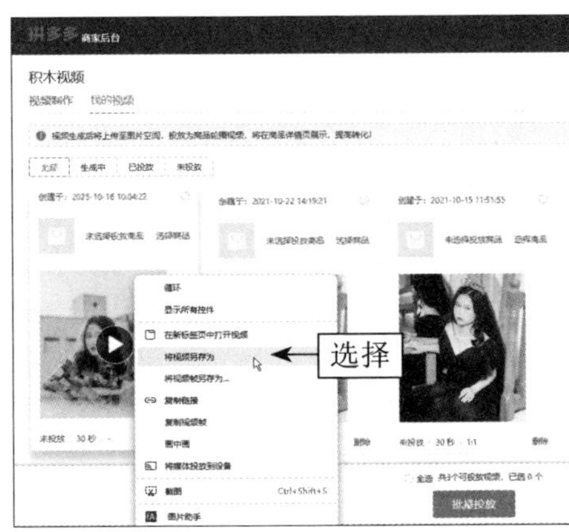

图 6-38　选择“将视频另存为”选项

如果商家没有选择投放商品，则视频生成完后，系统会自动帮商家上传至图片空间。在拼多多商家后台进入“店铺管理→图片空间”页面，在“全部文件”列表中可以看到一个“积木视频”文件夹，点开后可以进行复制链接、删除、下载等操作，如图 6-39 所示。

图 6-40 所示为使用积木视频制作的商品轮播视频效果。需要注意的是，生成视频需要一些时间，系统会在后台制作视频，此时商家可以切换到其他页面，过一段时间再去“我的视频”页面查看生成状态。

图 6-39　管理“积木视频”文件夹

图 6-40　商品轮播视频效果

第 7 章

直播引流，AI 助力提升流量与转化率

学前提示

直播作为当下热门的营销方式，为店铺带来了新的流量增长契机。而 AI 技术的崛起，更为直播引流与转化注入了强大动力。本章主要介绍如何借助直播并结合 AI 的智能创作能力，全方位提升拼多多店铺的流量与转化率，实现销售业绩的飞跃。

要点展示

- **多多直播：**打通流量增长新航道
- **AI 赋能：**助推直播流量提升转化率

7.1 多多直播：打通流量增长新航道

多多直播作为拼多多平台重要的营销工具，为商家开辟了一条全新的流量增长路径。它不仅拥有独特的流量入口和精准的流量分发逻辑，还提供了多样化的开播方式，满足不同商家的需求。本节将介绍多多直播的各个方面，帮助商家充分利用这一工具打通流量增长的新航道。

7.1.1 流量入口与流量分发逻辑拆解

多多直播拥有多元化的流量入口，为店铺直播获取流量提供了丰富的渠道。在公域引流方面，主站流量是重要来源。通过多多视频“直播”标签页、商品详情页直播悬浮窗（图 7-1）、店铺首页直播悬浮窗（图 7-2）、商品详情页同类目直播推荐、直播关注页等入口，能将用户引导至直播间。同时，直播间小时榜、热门直播推荐以及关注推荐等，会依据直播间的实时表现和用户关注关系进行流量导入。

图 7-1　商品详情页直播悬浮窗

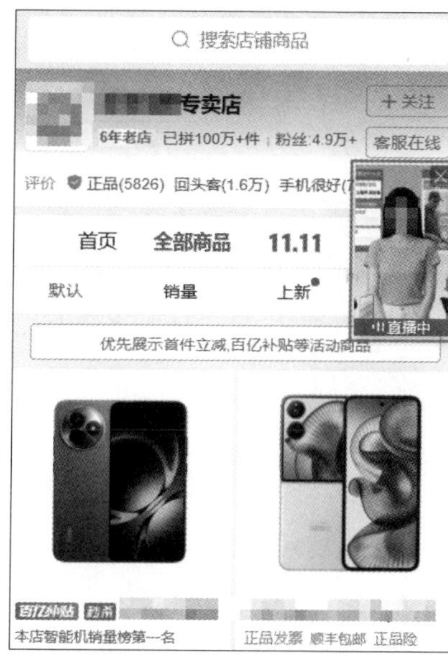

图 7-2　店铺首页直播悬浮窗

私域引流同样关键，如达人主页直播悬浮窗、直播关注页、聊天页面开播消息、拼小圈分享直播间、订单页直播推荐以及历史浏览直播等入口，基于用户的社交关系、关注行为和消费记录进行精准引流。

在流量分发逻辑上，多多直播遵循“赛马逻辑”：刚起号或刚开直播时，

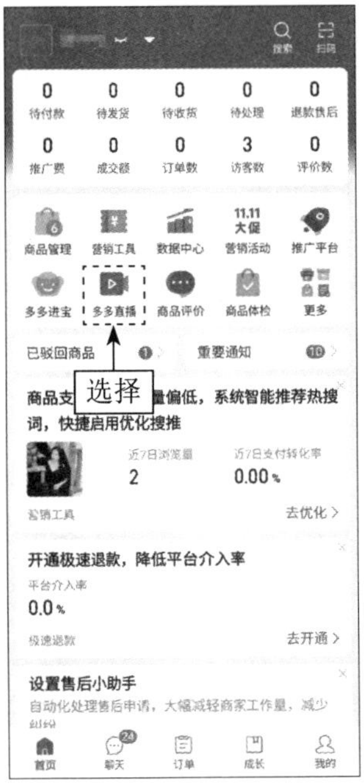

图 7-3 选择“多多直播”应用

要提升单个用户的订单量，让算法捕捉更多行为数据；成长期，需提升单个用户的 GMV，GMV 承接流量的同时能保证订单数据持续提升；另外，停留时长、互动、粉丝关注等权重因子也需同步提升，如通过精彩商品讲解提升用户互动和停留时长，积累粉丝，从而在流量竞争中占据优势，获得更多系统分发流量。

7.1.2 通过手机端开启多多直播

通过手机端开启多多直播，操作简便且功能丰富，能让商家快速上手直播带货。在拼多多商家版 App 首页的应用列表中，选择“多多直播”应用，如图 7-3 所示。进入“多多直播”界面，点击右下角的“开始直播”按钮，如图 7-4 所示。进入准备直播界面，点击“更改封面”按钮可以上传喜欢的直播封面图，如图 7-5 所示。

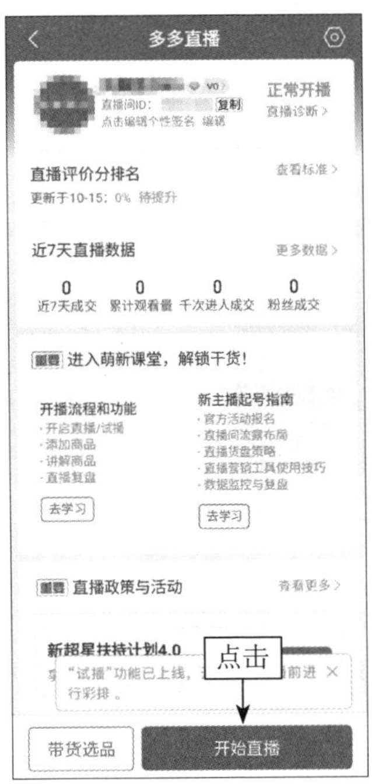

图 7-4 点击“开始直播”按钮

图 7-5 上传直播封面图

另外，商家别忘了点击右下角“小红盒”按钮添加商品，如图 7-6 所示。对于高退款率且经常无故取消订单的用户，系统会限制其继续在直播间购买。设置完成后，点击“开始直播”按钮，即可开启直播，如图 7-7 所示。

图 7-6　添加商品

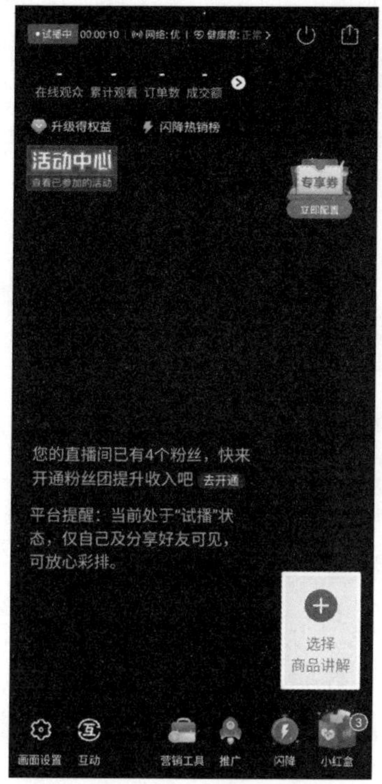

图 7-7　开启直播

在直播过程中，商家端能进行多项操作。开播后单击“画面设置”按钮，可调整美颜，配置项包含“旧美白”“新美白”等多种效果。高端机型还可以开启“手势”特效，手指上下移动即可触发。在“画面设置”界面中点击“添加贴图”按钮，可以选择相应的文字模板并输入文字，还能选择清晰度。另外，商家还可以设置公告牌、管理用户、设置敏感词、授权带货片段、设置评论等，以及能够查看直播实时数据。

直播结束后，商家可点击直播场次查看全部数据，也能在直播详情页查看或删除直播回放，同时还能生成直播间二维码进行分享，为直播间吸引更多流量。

7.1.3　通过 PC 端多多直播伴侣开播

商家可以在拼多多商家后台下载客户端，安装后会自动安装拼多多商家工作台和多多直播工具。打开多多直播工具，单击“创建直播”按钮，如图 7-8 所示。弹出“创建直播”对话框，如图 7-9 所示，商家可以按要求上传直播封面、输入直播标题，并添加小红盒商品，完成直播创建。

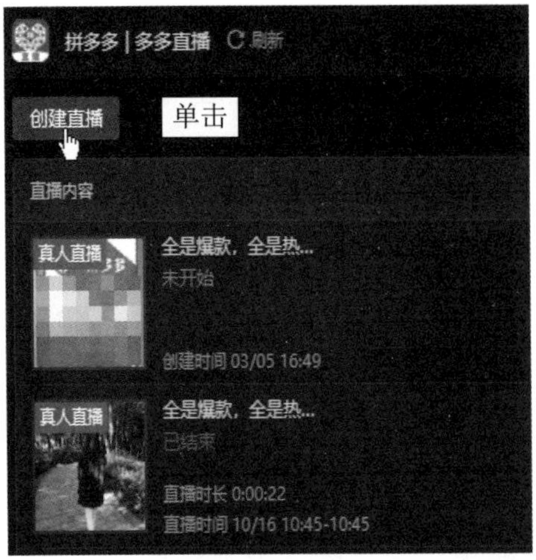

图 7-8　单击“创建直播”按钮

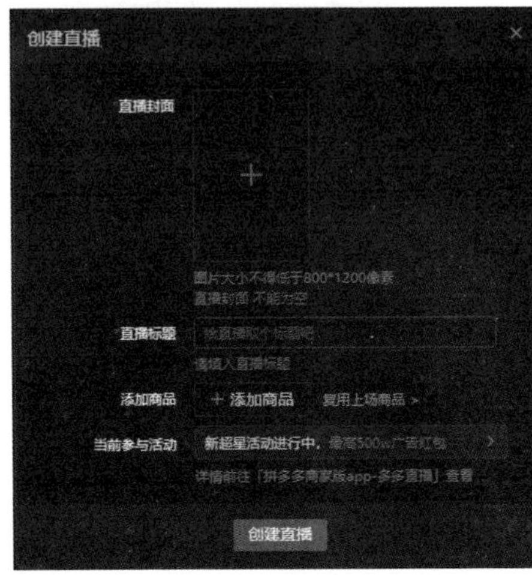

图 7-9　“创建直播”对话框

创建直播后，商家可以进入拼多多直播伴侣后台，如图 7-10 所示。单击“音视频管理”按钮，弹出“音视频设置”对话框，在此可以添加摄像头。在“添加画面元素”面板中可以添加视频、图片、文字等装饰元素，丰富直播画面。

图 7-10　拼多多直播伴侣后台

另外，美颜设置也是重要环节，单击“美颜设置”按钮，进入相应界面后，可对美白、磨皮、瘦脸等参数进行调整，让主播以更好的状态呈现。拼多多直播伴侣的绿幕抠像功能还可以实现背景替换，通过调整摄像头设置、绿幕抠像等参数，搭配灯光与服装建议，能够营造出专业的直播背景。

在直播过程中，可对观众隐藏展示商品，根据需求配置商品描述等内容。同时，直播数据详情能实时呈现累计成交额、实时在线人数、流量来源等信息，并以图表形式展示成交曲线、观众画像等，帮助主播了解直播情况。

7.1.4　多多直播的 12 种营销工具引流

对于主播和商家而言，如何从海量直播中吸引用户目光、留住用户脚步并促成交易，已成为决定直播成败的关键。多多直播深谙此道，精心打造了 12 种功能各异、实用性极强的营销工具，为直播运营注入强大动力，全方位助力主播和商家提升直播流量与销售业绩。下面就为大家详细介绍这 12 种营销工具。

（1）秒拼：它能够在直播过程中拍照生成售卖的商品，实现商品的快速上架。这不仅节省了商品上架时间，还能帮助商品积累销量，进而提高商品在推荐流量中的权重，让更多潜在用户看到商品，增加商品曝光量。

（2）甩货：针对直播间售卖的商品，可即时设置限时折扣价格。通过在有限时间内提供价格优惠，刺激用户的购买欲望，促使更多用户在短时间内完成下单，有效提升商品的销售量。

（3）拍卖：此功能可以在直播过程中拍照生成要竞拍的拍卖商品。拍卖商品上架后，直播间的用户可实时出价竞拍。这种竞价模式有助于商品实现价格最大化，为商家带来更高的收益，同时也能增加直播间的互动性和趣味性。

（4）直播专享券：作为一种商品无门槛优惠券，设置后可在用户端的全部路径中展示，但用户必须跳转至直播间才可领取优惠券。这种方式既能吸引用户进入直播间，又能为用户提供实实在在的优惠，有助于促进商品销售。

（5）店铺关注券：这是一种全店商品均可使用的无门槛店铺券。用户必须关注直播间或店铺才能领券，且已关注的用户不可重复领取。这种方式有助于增加店铺的粉丝数量，以及提高店铺的知名度和影响力。

（6）新客立减优惠：专门针对直播间新客（从未在直播间下过单的用户）设置专属优惠。通过为新用户提供专属折扣，可以吸引新客进店，提升新客下单转化率，为店铺引入新的客源。

（7）普通红包： 在直播间内可发放现金红包，现金红包会在直播间内展示，如图 7-11 所示。用户领取时必须等待红包倒计时结束，且要关注直播间。这一功能可以帮助直播间快速涨粉，拉长用户观看时长，营造热闹的直播间氛围。

（8）粉丝红包： 它是普通红包的升级版，在普通红包的基础上，仅限直播间粉丝团 3 级以上的用户领取。这有助于提高粉丝黏性和粉丝的观看时长，进一步巩固粉丝群体，促进直播间粉丝量增长。

（9）直播抽奖： 在直播间发起抽奖活动，用户可免费参与，如图 7-12 所示。用户参与抽奖需提供有效的收货地址，否则无法参与。参与抽奖活动后，用户可通过完成指定任务提升中奖概率。抽奖活动由商家自行设置抽奖商品和奖品份数，系统会为中奖用户自动生成订单，能有效提升用户的停留时长和下单率。

图 7-11　普通红包

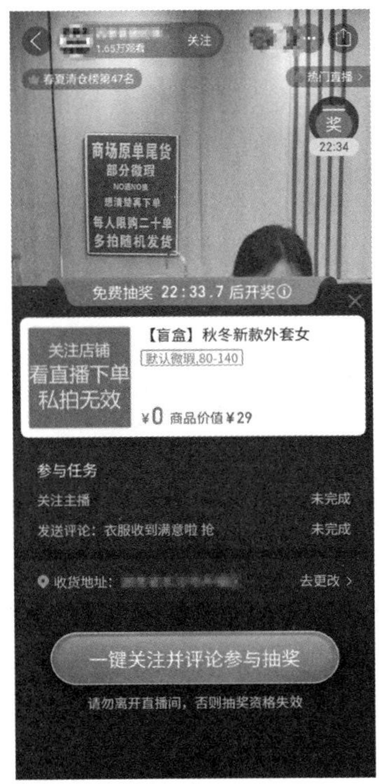

图 7-12　直播抽奖

（10）粉丝团： 为粉丝提供了丰富的特权，并且通过亲密度任务来提高粉丝黏性。粉丝可以通过在直播间下单、打赏来提高等级以获取特权。粉丝下单和打赏可提升 100% 的粉丝黏性与 50% 的 GMV，对主播和商家提升业绩有很大帮助。

（11）粉丝推送： 这是帮助主播召回粉丝的工具。主播需要主动购买粉丝推送工具，系统会将主播购买的金额包装为红包发送“push(推送)消息”给粉丝，吸引粉丝进入直播间，增加直播间的人气和流量。

（12）预约公告牌：支持主播通过公告牌发布直播信息，并支持用户一键预约。用户预约成功后，会在预约场次直播开始时收到开播提醒。这有助于提高用户的回流率，确保开播时有更多用户观看。

多多直播的这 12 种营销工具，涵盖从商品上架、价格策略、优惠券发放、粉丝运营到互动活动等多个方面，为直播提供了全方位的支持。合理运用这些工具，主播和商家能够更好地吸引用户、留住用户，实现直播流量和销量的双丰收。

7.1.5　多多直播的付费推广工具引流

多多直播为商家提供了以下多种付费推广工具，这些工具能有效提升直播间的曝光量与流量，助力商家扩大直播影响力。

（1）自定义推广：商家可自主选择希望投放的人群，设定千次曝光出价，系统依此优化获取广告流量。网页版可在拼多多营销平台商家后台新建直播推广计划，如图 7-13 所示；拼多多商家版 App 则需在推广中心进行创建管理。自定义推广适合有一定推广能力、明确人群需求或需要积累数据与粉丝的商家。

图 7-13　拼多多营销平台

（2）极速推广：以快速增加直播间观看量、引爆热度为目标，每次单独购买，推广金额消耗完则推广停止。商家可以在直播间开播界面点击“推广”按钮，如图 7-14 所示。在弹出的“直播推广”面板中，选择“极速推广”模式，如图 7-15 所示，确认推广金额与时长即可创建计划。此工具适用于刚开播、低价促销、粉丝福利等需快速提升人气的场景。

（3）直播 oCPM（optimized cost per mille，优化后的每千次展示费用）推广：商家设置好目标成交出价后，系统会实时根据流量转化概率智能调整出价，自动优化投放直播 oCPM 推广计划，并按曝光计费。这种推广方式能尽可能在保证成本的基础上，最大化获取流量与成交。

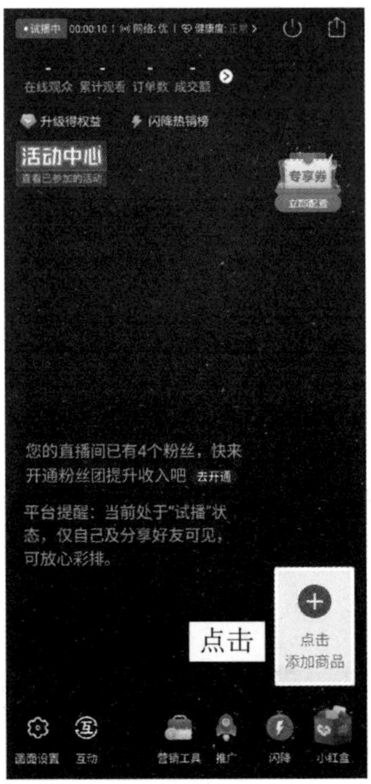

图 7-14 点击“推广”按钮

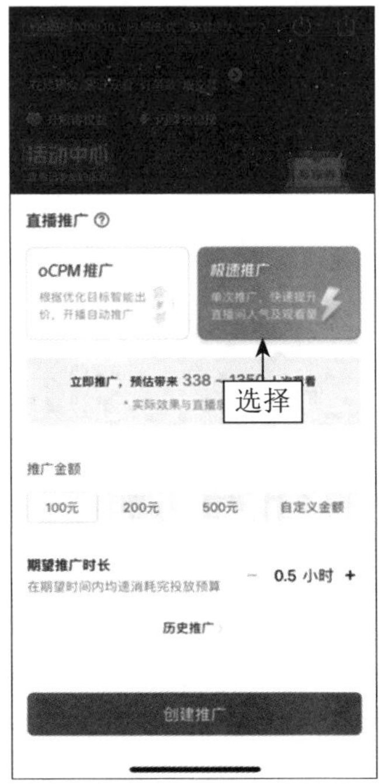

图 7-15 选择“极速推广”模式

商家可根据自身需求和场景，选择合适的付费推广工具，合理出价，以提升直播间的曝光量和流量，促进直播销售业绩增长。

7.2 AI赋能：助推直播流量提升转化率

在直播引流取得一定成果后，如何将流量有效转化为实际购买行为，成为商家关注的焦点。AI 技术的出现，为解决这一问题提供了创新思路。通过 AI，商家可以撰写出更具吸引力和转化力的直播带货脚本，精准提炼产品核心卖点，设计出能吸引观众停留的互动话术，营造限时促销的紧迫感。

同时，AI 还能合理规划整场直播的商品讲解节奏，甚至生成数字人实现无人直播带货。本节主要介绍 AI 在直播转化环节的多种应用，助力商家实现直播流量与转化率的显著跃升。

7.2.1 用 AI 撰写高转化率的直播带货脚本

扫码
看教学

一场成功的直播离不开精心设计的脚本。没有脚本的直播容易跑题、节奏混乱、卖点不突出，导致用户流失、转化率低。一个专业的直播脚本应包含开场话术、产品介绍、价格对比、限时促销、互动引导等环节，形成完整的销售闭环。

AI 可以帮助商家生成结构完整、情绪饱满、节奏紧凑的直播脚本，让你的直播像专业主播一样流畅自然。以 DeepSeek 为例，相关案例如下。

提示词

请为我的拼多多店铺中的“可折叠硅胶收纳盒”产品撰写一份 10 分钟的直播带货脚本。要求包含：开场欢迎语、产品核心卖点（节省空间、防尘、耐高温）、价格对比（原价 vs 直播价）、限时优惠（买一送一）、引导下单话术、互动提问（如“家里厨房乱的扣 1”），语言口语化、有激情，适合新手主播朗读。

DeepSeek

【10 分钟拼多多直播脚本：可折叠硅胶收纳盒】

（开场音乐响起，主播活力满满亮相）

主播：欢迎所有家人们来到我的直播间！新朋友点个关注，老朋友扣波“爱我”！宝宝们，今天不给你们种草衣服、化妆品，我要给你们推荐一个能让家里立马变大 5 平方米的神器！厨房不乱、冰箱不炸、衣柜不爆的宝贝，今天统统给你们搞定！准备好了吗？准备好了公屏给我扣个“666”！

（0.5 分钟——痛点引入）

主播：来，让我看看！家里厨房台面上瓶瓶罐罐一大堆，找个东西要翻半天的，扣 1！冰箱里东西塞得满满的，保鲜盒东倒西歪的，扣 1！衣柜里换季衣服不知道怎么收，乱糟糟一团的，再扣个 1！哇！满屏的 1！家人们，我太懂了！所以今天，我必须把这个拯救“收纳困难症”的可折叠硅胶收纳盒给你们带过来！

……

专家提醒

该案例中的提示词通过明确“产品类型”“时长”“结构要素”和“语言风格”，能够引导 AI 生成一份可直接使用的直播脚本。

AI 会按照“开场—痛点引入—卖点讲解—价格刺激—限时促销—引导下单”的逻辑链输出内容。对于缺乏直播经验的商家来说，这相当于获得了一份“开箱即用”的专业脚本，有助于提升直播间的转化率。

7.2.2 用 AI 提炼产品的核心卖点与对比话术

扫码
看教学

在直播中，用户停留时间短，因此商家必须在 30 秒内讲清楚“为什么买你家的产品”。很多商家只会说“质量好”“很便宜”，缺乏具体对比和数据支撑。

AI 可以帮助商家从产品参数中提炼出直观、有冲击力的卖点，并设计出与竞品或市场价的对比话术，增强说服力。以 DeepSeek 为例，相关案例如下。

提示词

我卖的是一款“加厚不锈钢厨房置物架”，请帮我提炼出 3 个最能打动家庭主妇的核心卖点，并为每个卖点设计一句对比话术。例如：“普通置物架用 3 个月就生锈，我们这款 304 不锈钢，泡水一年都不锈！”要求语言直白、有冲击力，适合直播场景。

DeepSeek

好的，没问题！针对家庭主妇这一核心群体，结合加厚不锈钢厨房置物架的产品特性，我为您提炼了 3 个最能打动她们的卖点，并设计了充满对比冲击力的话术，非常适合在直播中直接使用。

核心卖点一：坚固耐用，永不生锈

家庭主妇最烦的就是厨房用具用不了多久就锈迹斑斑，既不美观也不卫生。

对比话术：

“别人家的架子用半年就锈迹斑斑，跟垃圾堆捡来的一样！咱家这款是加厚 304 不锈钢，你直接泡在水里用，一年都不会有一个锈点！”

……

专家提醒

该案例中的提示词通过聚焦“卖点提炼＋对比话术”，引导 AI 从用户痛点出发，将产品优势转化为可感知的利益，有助于打破用户犹豫，是提升直播间转化率的关键技巧。

7.2.3　用 AI 设计吸引观众停留的互动话术

扫码
看教学

拼多多直播的推荐算法非常看重“观众停留时长”和“互动率”。如果直播间没人说话、没人参与，系统会认为你的内容质量低，从而减少流量推荐。因此，设计高频、简单、有趣的直播互动问题至关重要。

AI 可以帮助商家生成一系列能激发用户参与的提问和引导语，有助于提升直播间活跃度。以 DeepSeek 为例，相关案例如下。

提示词

请为一场家居用品直播设计 5 条互动话术，用于引导观众弹幕互动。例如：“厨房乱的扣 1，整齐的扣 2”“想要赠品的打‘想要’”等。要求问题简单、参与门槛低，能有效提升停留时长和互动率，适合每 5 分钟穿插使用。

DeepSeek

好的，这里为您精心设计了 5 条高互动、低门槛的家居用品直播话术，非常适合每 5 分钟穿插使用，能有效炒热气氛、提升停留和互动数据。

直播互动话术（5 条）

1.【痛点共鸣型——用于开场或引入厨房 / 收纳话题】

话术：“直播间的家人们，让我看看有多少人和我一样！觉得自己家里东西太多、总也收拾不完的，请疯狂扣‘1’！觉得自家收纳还行、井井有条的，自信扣‘2’！”

设计思路：利用“凌乱”这一普遍痛点引发共鸣，让大多数观众有参与感。简单的“1”和“2”几乎零门槛，能瞬间刷屏，快速点燃直播间气氛。

……

专家提醒

该案例中的提示词精准针对直播算法的核心指标——互动率与停留时长，通过要求“每 5 分钟使用”“问题简单”“参与门槛低”，引导 AI 生成极易参与的互动话术。

AI 生成的话术能快速调动用户情绪，形成“刷屏”效应，向拼多多平台传递“直播间活跃”的信号，从而获得更多自然流量推荐。对于新店冷启动阶段，这是撬动免费流量的重要手段。

7.2.4 用 AI 生成限时促销的紧迫感话术

扫码看教学

拼多多用户通常对“便宜”和“限时”极其敏感，如果商家只是说“今天特价”，很难激发用户的下单冲动。因此，商家必须在直播中制造强烈的紧迫感，如“只剩最后 50 组”“倒计时 3 分钟”“补货不加价”等，才能促使用户快速决策。

AI 可以帮助商家设计一系列充满张力的促销话术，营造“不买就亏”的直播间氛围。以 DeepSeek 为例，相关案例如下。

提示词

请为“买一送一”活动设计 3 条制造紧迫感的直播话术，要求包含库存提示（如“只剩 30 组”）、时间限制（如“3 分钟后恢复原价”）、稀缺性强调（如“补货不加价，但数量有限”），语言要有激情，适合主播大声喊出。

DeepSeek

【直播话术一】

“家人们注意！买一送一只剩最后 30 组！3 分钟后立刻恢复原价！这批货工厂明确说了绝不加单，现在下单就是抢到赚到！手慢的直接拍大腿！抓紧点下方小黄车，倒数 30 秒，抢完直接下架！”

【直播话术二】

“所有宝宝听好！库存警报已响！买一送一仅剩最后 15 单！倒计时 2 分

钟，时间一到立刻涨价！这是品牌特批的库存，补货？不可能！抢到的就是真香警告！现在不冲，待会儿别来问我能不能补！”

……

专家提醒

该案例中的提示词通过“库存＋时间＋稀缺性”三重压力设计，引导 AI 生成高刺激性话术，可以利用用户的“损失厌恶”心理，有效缩短其决策时间，提升瞬时转化率。在直播高峰期使用这类话术，有助于迅速拉高订单密度，触发平台的“爆款推荐”机制，带来“滚雪球”式的流量增长。

7.2.5　用 AI 规划整场直播的商品讲解节奏

扫码看教学

一场直播不是简单的“一个商品接着一个商品地讲”，而是要有节奏设计：开场引流款拉人气、中间利润款稳转化、压轴爆款冲销量。合理的节奏能保持用户兴趣，避免中途流失用户。AI 可以帮助商家规划整场直播的商品顺序、时间分配和流量承接策略，提升整体效率。以 DeepSeek 为例，相关案例如下。

提示词

我计划做一场 1 小时的家居用品直播，共上架 8 款产品：多功能折叠收纳箱、智能感应小夜灯、天然乳胶记忆枕、不锈钢厨房刀具套装、全棉四件套床品、便携式手持挂烫机、创意玻璃花瓶、智能温控电热毯。

请帮我规划讲解节奏：哪款作为开场引流款？哪款作为压轴爆款？每款讲解多长时间？中间如何穿插互动和抽奖？请给出一份时间分配表和流程建议，确保前 30 分钟留住人，后 30 分钟促转化。

DeepSeek

好的，没问题！这是一份为您精心规划的 1 小时家居用品直播流程与时间分配表。本方案的核心策略是：“前 30 分钟用福利和痛点解决方案留人，后 30 分钟用价值和氛围促转化”。

直播核心产品定位

开场引流款：智能感应小夜灯

理由：单价低、需求广（起夜、老人小孩家庭）、实用性强、视觉演示效果好（一触即亮），能迅速降低观众下单心理门槛，吸引人气和互动。

压轴爆款：智能温控电热毯

理由：高客单价、高价值感（关乎睡眠质量和健康）、季节性强（尤其在秋冬，需求旺盛），适合在人气最旺、信任度最高时推出，通过演示产品和优惠制造抢购高潮。

……

专家提醒

该案例中的提示词采用“场景设定＋明确需求＋结构化提问”模式，先说明直播背景与产品清单，再提出节奏规划、爆款安排、时间分配等具体问题，引导 AI 输出可执行的直播流程方案，提升策划效率与专业性。

7.2.6 用 AI 生成数字人实现无人直播带货

扫码
看教学

在直播带货蓬勃发展的当下，无人直播以其低成本、高效率的特点逐渐受到关注。而利用 AI 生成数字人进行无人直播带货，更是为商家开辟了全新的引流途径。

即梦 AI 的数字人生成功能，能够打造出逼真、生动的数字人主播，帮助商家实现 24 小时不间断地直播带货，大大节省人力成本，提升销售效率。下面介绍用即梦 AI 生成数字人的操作方法。

步骤 1 进入即梦 AI 的“生成”页面，在“创作类型”列表框中选择“数字人”选项，如图 7-16 所示。

步骤 2 在“选择模型”列表框中，可根据需求在“大师模式”“快速模式”“基础模式”中选择合适的模型，比如“快速模式”能用更低的成本快速生成数字人，如图 7-17 所示。

步骤 3 在提示词输入框左侧，单击“角色”按钮，如图 7-18 所示，即梦 AI 的数字人支持真人或动漫形象。

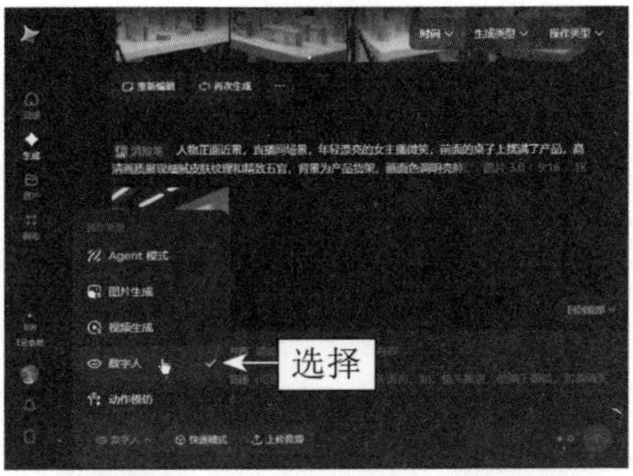

图 7-16　选择“数字人”选项

图 7-17　选择合适的模型

步骤 4 弹出“打开”对话框，选择相应的图片素材，如图 7-19 所示。注意，需上传包含人物清晰正脸的图片。

图 7-18　单击“角色”按钮

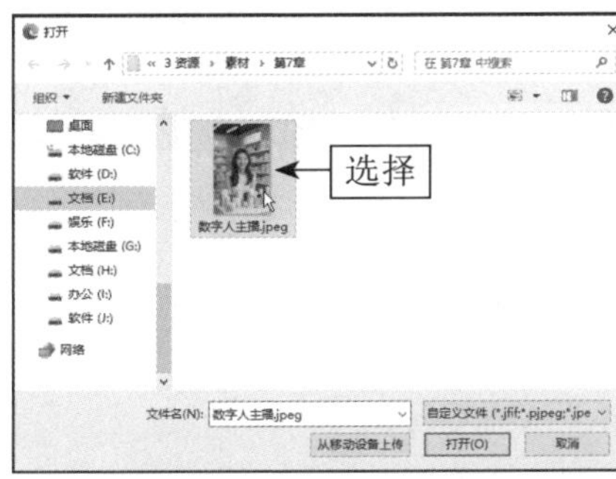

图 7-19　选择相应的图片素材

步骤 5 单击“打开”按钮，❶ 即可上传图片素材，作为生成数字人的角色参考图；❷ 单击“点击调整音色”按钮，如图 7-20 所示。

步骤 6 在弹出的面板中选择相应的音色，如图 7-21 所示。注意，即梦 AI 提供了多种声音类型，如女青年、男青年等不同风格的声音，商家可根据商品特性和目标受众选择合适的声音。

图 7-20　单击“点击调整音色”按钮

图 7-21　选择相应的音色

步骤 7 输入相应的数字人说话内容和动作描述提示词，让数字人主播的表现更丰富，如图 7-22 所示。

步骤 8 单击发送按钮，即可发送数字人生成任务并进入排队通道，稍等片刻，即可生成数字人，点击效果缩略图，即可预览数字人效果，如图 7-23 所示。

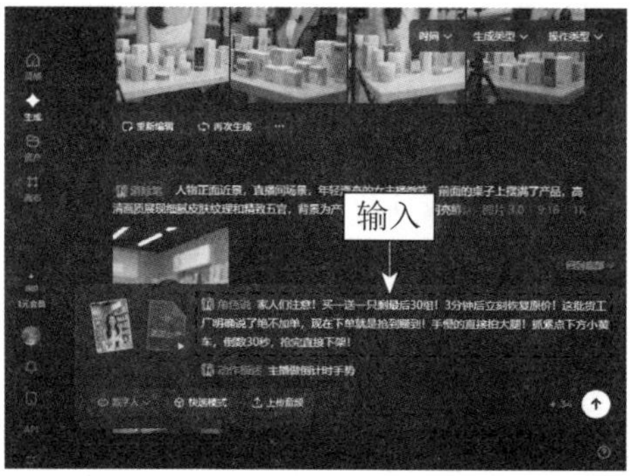

图 7-22　输入相应的提示词

图 7-23　预览数字人效果

爆款打造篇

第 8 章

爆品选款，选出一款让人尖叫的产品

学前提示

在经营拼多多网店时，生意的好坏首先取决于你的产品，选择什么样的产品去卖非常重要。打造爆款的首要条件就是选款和定价。只有优质的高性价比产品才能经得起市场和用户的考验，才能经久不衰地立于市场高地，受到广大拼多多用户的喜爱。

要点展示

- **做好选款：** 打造爆款必不可少的一步
- **产品定位：** 让爆款轻松赢在起跑线上
- **定价策略：** 促进爆款销量与利润提升

8.1 做好选款：打造爆款必不可少的一步

很多商家看到别人的店铺中爆款多、销量好，难免会心生羡慕。其实，只要你用对方法，也可以选择到自己的爆款产品。本节将对店铺的“选款定律”进行解析。商家需要掌握这些选款原则，才能在众多类目款式里选出属于自己的爆款。

8.1.1 类目：正确解锁主营类目

这里用一个简单的比喻来描述什么是主营类目：如果将拼多多看成是一个商场，则主营类目就是商场里面的商品分区。商家需要针对自己的商品类型来选择合适的商品分区。

因此，商家在入驻拼多多时，就需要先选择正确的主营类目。拼多多的主营类目包括普通商品、虚拟商品和医药健康三大模块，如图 8-1 所示。

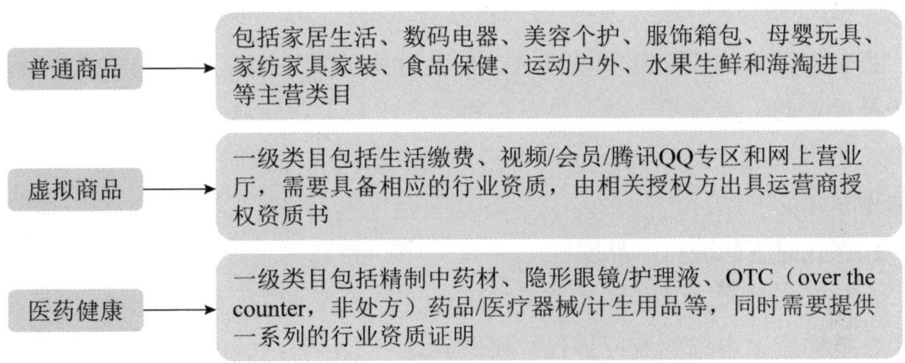

图 8-1　拼多多的主营类目

> **专家提醒**
>
> 部分主营类目的商品需要提供相关的行业资质证明才能发布。行业资质相当于这些商品分区的门槛，只有跨过这道门槛才能顺利上架商品。

商家在发布商品的第一步选择主营类目时，如选择“书籍 / 杂志 / 报纸 > 儿童读物 / 童书 > 儿童读物原版书”类目，即可看到系统会用橙色文字提示需要提供相应的行业资质证明，如图 8-2 所示。

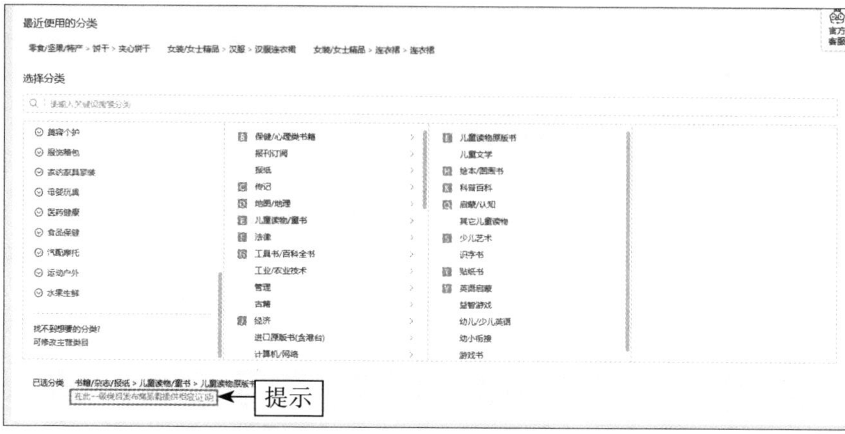

图 8-2　用橙色文字提示需要提供相应的行业资质证明

8.1.2　选款：记住两个重点原则

扫码
看教学

拼多多平台的流量红利非常大，但是这些流量还是需要商家自己来争取，其中最重要的一步就是选款，这是在拼多多平台上获取流量、打造爆款的关键环节。拼多多选款必须把握住以下两个重点原则：寻找时下的流行产品属性、打造差异化的产品。

1. 寻找时下的流行产品属性

在互联网时代，流行等于流量，因此运营好店铺就需要商家具有强大的洞察力，能够跟上市场的流行步伐。要做到这一点，有经验的老手可以根据自己所在行业的热点事件来预判市场变化，新手商家则可以借助 AI 来发现流行属性。以 DeepSeek 为例，相关案例如下。

提示词

假设你是电商分析师，请分析拼多多上销量前 20 名的“浴室收纳架”产品，提取它们共有的 5 个产品属性（如材质、安装方式、功能特点），并说明这些属性为何能吸引消费者。

DeepSeek

好的，作为电商分析师，我将为您分析拼多多平台销量前 20 名的“浴室收纳架”产品，并提炼出它们共有的 5 个核心产品属性及其对消费者的吸引力。

分析发现，这些热销产品的爆款基因并非来自标新立异，而是源于对消费者在浴室这个特定场景下核心痛点的精准把握。以下是五个共有的关键属性：

1. 免打孔安装：解决安装恐惧与租房痛点

几乎所有热销款式都强力标注“免打孔”。这意味着它们主要依靠强力胶贴、真空吸盘或悬挂式设计进行安装。

……

专家提醒

该案例中的提示词通过引导 AI 进行“反向工程式分析”，即使没有实时数据，AI 也能基于对电商平台运营逻辑的理解，推断出“免打孔安装”“多层复合式设计”“防潮与耐用材质”等属性是浴室收纳类目的主流趋势。这种分析可以帮助商家快速掌握市场主流配置，避免推出“过时”或“非主流”产品。

2. 打造差异化的产品

随着拼多多商家的不断增多，平台流量也在不断被打散，此时如果商家没有差异化的产品，则会面临严重的同质化竞争，没有优势的产品很难吸引到用户。

一种产品满足常规化选款的所有要求后，就可以算得上是一个优质产品了。大商家做到这一步后，凭借本身的品牌、粉丝和推广等优势，通常很容易就能打造出爆款了。但是，中小商家不能仅仅依靠常规化选款，而应该打造个性化的卖点优势，这样才能吸引用户快速下单。

如果商家打算吸引更细分的人群，产品特点就很重要了。产品的差异化就是吸引细分消费人群的卖点。商家可以先分析同类产品，总结这些产品的特点，然后在自己的产品上打造差异化的功能；商家也可以观察它们的评价，然后在自己的产品上吸收其中的优点，弥补其中的不足。

另外，商家还可以使用 AI 系统分析热销竞品的标题、卖点和用户评价，总结出它们的“共性属性”，进而发现未被满足的需求或可优化的方向，找到差异化的突破口。以 DeepSeek 为例，相关案例如下。

提示词

请分析拼多多上销量前 10 名的“厨房收纳盒”产品，总结它们普遍强调的 3 个核心卖点（如材质、容量、密封性），然后指出目前市场上大多数产品尚未解决的 1 ～ 2 个用户痛点，并建议我可以从哪个方向打造差异化产品。

DeepSeek

好的，我们来对拼多多上销量前列的“厨房收纳盒”进行一次深入的分析，并为您梳理出产品升级的差异化方向。

普遍强调的三大核心卖点

当前市场上销量领先的厨房收纳盒，其宣传重点高度集中在以下三个方面：

1. 极致的空间利用

这是所有收纳盒最根本的诉求。产品普遍强调“可堆叠”以向上拓展垂直空间，“抽屉式”或“夹缝式”设计以利用橱柜和角落的碎片化空间，以及内部通过“分隔板”或“格子设计”实现小件物品的井井有条。其核心信息是：“让你的厨房台面、橱柜和抽屉变得更整齐、更高效。”

2. 材质安全与耐用

“食品级 PP（Polypropylene，聚丙烯）材质”是几乎所有产品都会打上的关键标签，同时辅以“厚实坚固”“健康无异味”“环保”等描述。

……

专家提醒

该案例中的提示词通过清晰的任务拆解——“分析销量前 10 名产品→总结普遍卖点→指出未解决问题→提出改进建议”，构建了一个完整的“问题发现→机会识别”逻辑链，能够帮助商家精准定位差异化方向，避免盲目选款。

8.1.3 细节：选款时的注意事项

价格实惠的高性价比产品是拼多多平台比较青睐的。除了这一特点外，商家在选款时还需要注意一些细节，如图 8-3 所示。

专家提醒

拼多多的应季产品指顺应季节变化、与用户当季需求高度匹配的商品，如冬季的保暖服饰、取暖设备，夏季的凉席、驱蚊产品等。

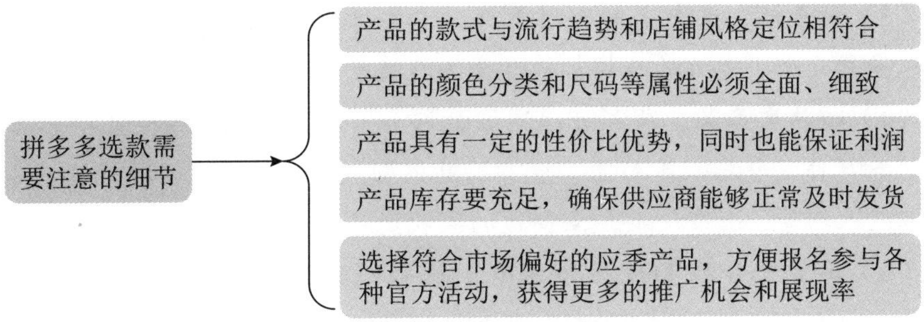

图 8-3　拼多多选款需要注意的细节

8.1.4　玩法：5 种常用选款方法

做爆款要先学会选款。爆款产品本身可以很普通，但一定要大众化；除了产品本身的基本功能之外，还需要一些“吸引点”，如运营模式、推广模式、市场定位等，这些因素是决定爆款是否能够成功的关键。下面介绍一些拼多多选款的极致玩法。

（1）选择其他平台排行榜的热销产品。例如，商家可以登录淘宝网页版，在首页或搜索结果页找到“热销排行榜”入口，进入后选择商品类目即可查看销量排名。

（2）选择爆款竞价活动的产品。这些产品能够参与爆款竞价活动，说明它们是经过测试的有爆款潜质的产品。在拼多多商家后台进入“店铺营销→爆款竞价”页面，选择相应的商品类目，即可看到很多活动产品，如图 8-4 所示，同时商家还可以单击“有同款，参与竞价”按钮来参与活动。

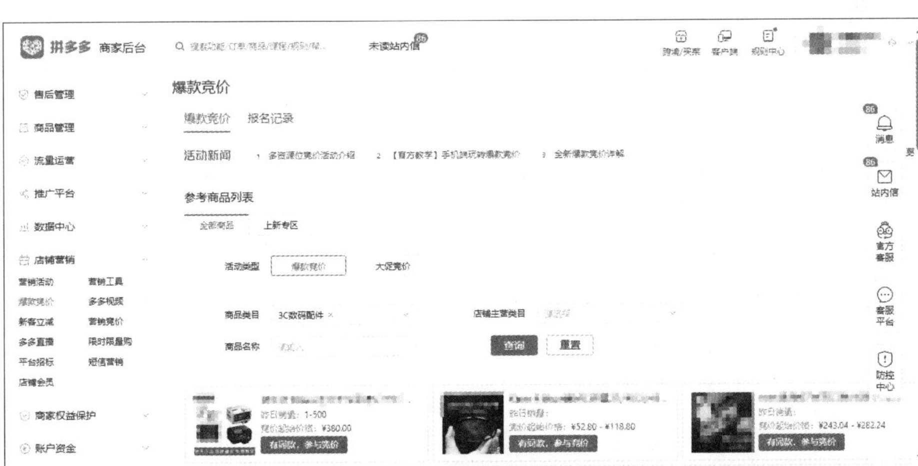

图 8-4　选择爆款竞价活动的产品

（3）销量低、竞争小的冷门类目。这些行业的整体搜索人气比较低，商家可以多开几个小类目的店铺，提升商品的搜索展现量。

（4）蹭热度产品。商家可以通过微博、百度搜索风云榜等工具来寻找当下的热点事件，包括娱乐新闻、电影、电视剧、综艺节目、动漫作品、小说、游戏以及人物等，开发一些热点周边的同款产品。

（5）淘宝平台的 TOP20 万词表。商家可以在百度搜索 TOP（顶端）20 万词表，并下载无线端的 TOP20 万词表，其中会根据搜索人气指标从上到下对各个产品关键词进行排序，可以找到同类目下比较火的产品，如图 8-5 所示。

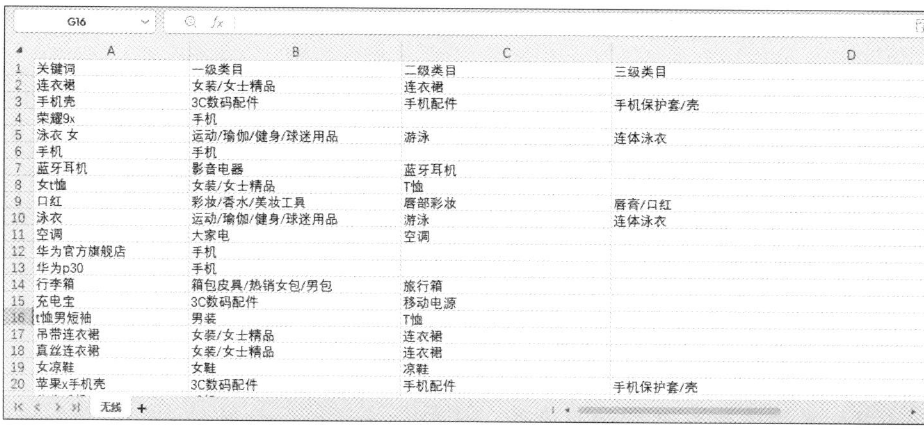

	A	B	C	D
1	关键词	一级类目	二级类目	三级类目
2	连衣裙	女装/女士精品	连衣裙	
3	手机壳	3C数码配件	手机配件	手机保护套/壳
4	荣耀9x	手机		
5	泳衣 女	运动/瑜伽/健身/球迷用品	游泳	连体泳衣
6	手机	手机		
7	蓝牙耳机	影音电器	蓝牙耳机	
8	女t恤	女装/女士精品	T恤	
9	口红	彩妆/香水/美妆工具	唇部彩妆	唇膏/口红
10	泳衣	运动/瑜伽/健身/球迷用品	游泳	连体泳衣
11	空调	大家电	空调	
12	华为官方旗舰店	手机		
13	华为p30	手机		
14	行李箱	箱包皮具/热销女包/男包	旅行箱	
15	充电宝	3C数码配件	移动电源	
16	t恤男短袖	男装	T恤	
17	吊带连衣裙	女装/女士精品	连衣裙	
18	真丝连衣裙	女装/女士精品	连衣裙	
19	女凉鞋	女鞋	凉鞋	
20	苹果x手机壳	3C数码配件	手机配件	手机保护套/壳

图 8-5　无线端 TOP20 万词表

8.1.5　流程：从选款到爆款培养

拼多多开店有很多注意事项，商家首先要做的就是确定店铺的经营风格和目标用户，并以此来进行选款。一个产品能被商家选为爆款产品，一定有它自己的独特之处，这是区别于其他同款产品的优胜点。下面介绍拼多多从选款到爆款培养的基本流程。

1. 选款时间：截流选款

截流选款的重点在于“截流”，虽然操作方法和“大盘”选款差不多，不过不是找排名靠前的店铺和产品数据，而是找排名稍微靠后的，同时以移动端搜索流量为主要依据。爆款产品通常有一个生命周期（图 8-6），截流选款就是选择出生期和成长期的爆款来打造同款。

截流选款的产品通常处于起步期，拥有较大的爆款潜力，是商家做爆款的主要竞争对象。商家可以从中找一些销量不高、没有使用付费推广工具且对手不会运营的店铺，做性价比更高的同款，然后利用付费推广来截流反超。

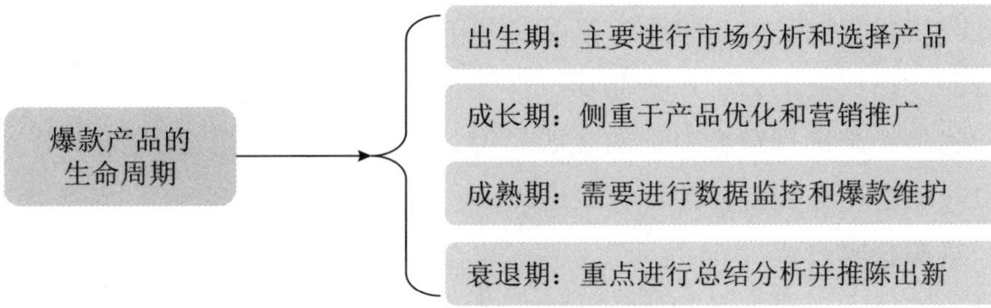

图 8-6　爆款产品的生命周期

2. 选款规划：店铺风格

商家在选款前需要对店铺进行规划，确保所选产品符合店铺的整体风格定位。千万不能随意上架商品，否则店铺很难获得精准的人群标签，平台也就无法为你的店铺推送精准流量。因此，店铺风格一定要做到专注统一，具体原则如图 8-7 所示。

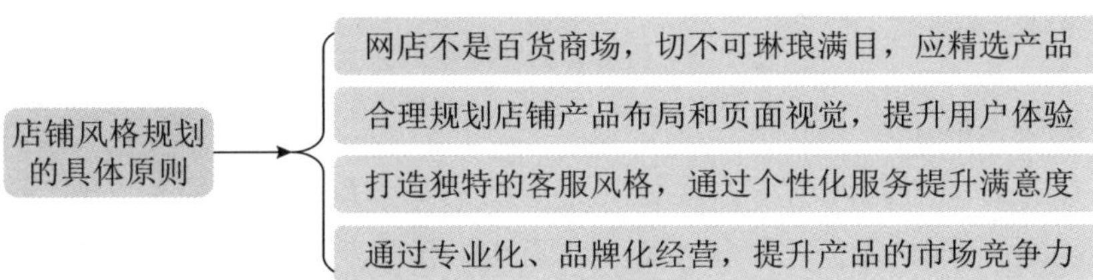

图 8-7　店铺风格规划的具体原则

3. 选款原则：找准需求

店铺选款不是简单地模仿同款产品。别人能做到爆款肯定有其独有的优势，同样一款产品，你即便付出更多的推广成本也难以打败它。其实，商家在选款时，更重要的是找到市场需求和用户需求，而这些需求并没有得到满足，那么你就有机会。因此，独特的选款原则非常重要，商家要尽可能去做自己有独特优势的产品。

8.2 产品定位：让爆款轻松赢在起跑线上

很多拼多多的商家都是初入电商行业的新手，产品货源是一大问题，而且不知道从何入手。本节主要介绍拼多多产品定位的选款技巧，帮助大家从精准的产品定位来确定款式，让爆款轻松赢在起跑线上。

8.2.1 货源选择：选择适合自己的货源渠道

开网店找货源是中小型商家必须经历的过程，如女装店铺的货源主要包括档口货品、授权货品、工厂货品和一件代发等渠道。商家要对比和分析这些渠道的优劣势，来选择适合自己的货源渠道。下面介绍一些货源选择技巧，帮助商家更好地选择适合自己的货源渠道。

1. 货源获取方式

通常情况下，拼多多的货源获取方式分为线上货源渠道和线下货源渠道两种，如图 8-8 所示。

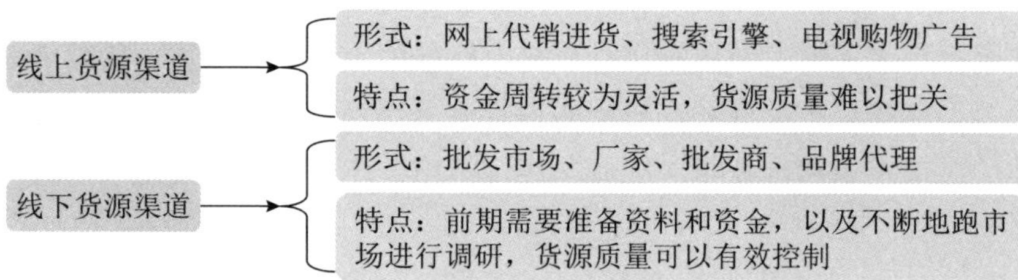

图 8-8　拼多多的货源获取方式

2. 消费人群定位

要选出好的货源，商家需要针对不同的消费人群来进行定位，包括价格定位、人群定位和款式定位 3 个方面，如图 8-9 所示。

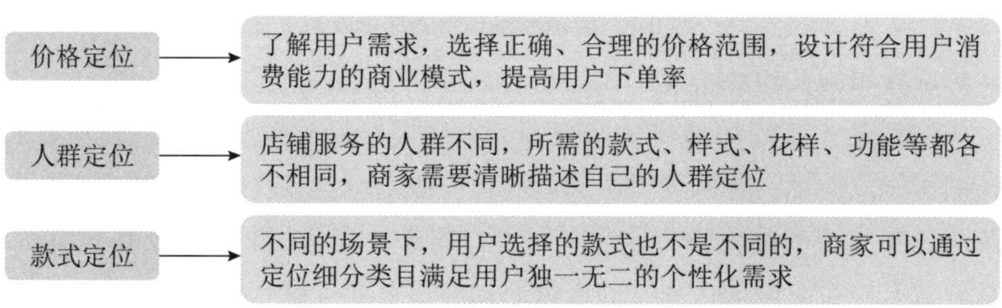

图 8-9　针对不同的消费人群来进行定位

8.2.2 目标市场：准确定位提高店铺转化率

产品定位的目标市场分析主要是确定产品在目标市场上所处的位置，准确的定位可以有效提高店铺转化率。市场定位的主要工作如图 8-10 所示。

在分析产品定位时，市场定位是我们不得不提到的一个词。商家必须了解以下两个定位方式的区别。

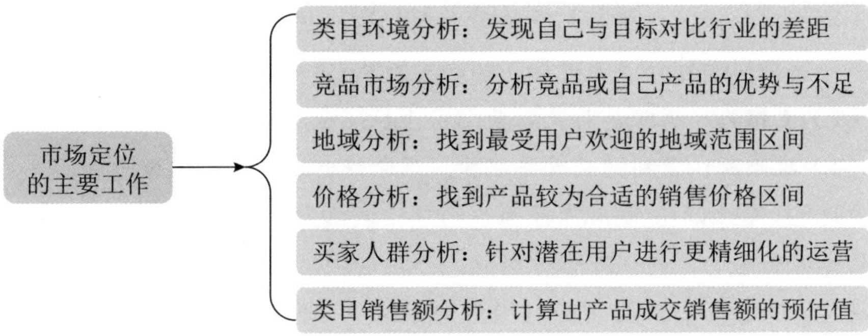

图 8-10　市场定位的主要工作

（1）市场定位： 选择目标用户的市场，可以通过地域、性别、年龄等标准来综合选择相应的用户群。

（2）产品定位： 选择哪种产品来满足目标消费市场的需求。

例如，有些商家有自己的工厂货源，有一定的生产款式和规模，可以将自己的现有款式与市场行情进行对比，即可快速定位出受欢迎的产品款式，具体步骤如图 8-11 所示。

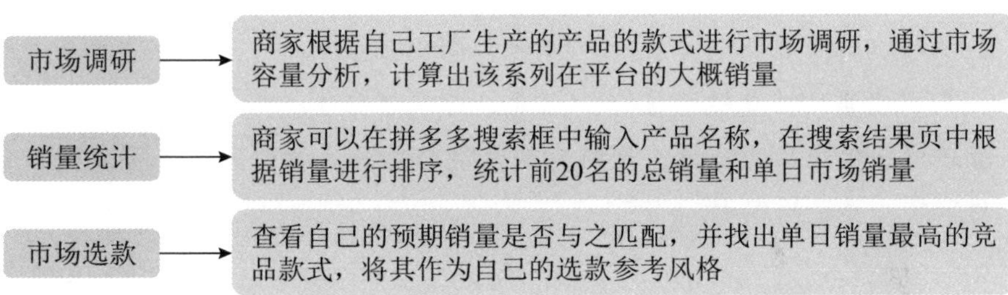

图 8-11　市场定位选款的具体步骤

8.2.3　产品定位：找出主推款和次推款产品

扫码
看教学

拼多多店铺的产品定位可以从内部分析和目标市场定位两方面入手：内部分析包括产品性能、产品外观、产品包装、产品价格和产品竞争优势等；目标市场定位又可以分为硬性要求和软性要求，硬性要求包括用户的性别、年龄、职业和消费能力等，软性要求则包括用户的爱好、地域、生活方式和教育程度等因素。

在明确了产品定位需从内部分析和目标市场定位两大维度入手后，下一步的关键便是将理论转化为实操——如何从店铺中的众多产品中，科学地筛选出扮演不同战略角色的主推款与次推款？要知道，在拼多多运营中，产品定位的核心之一就是科学划分“主推款”和“次推款”，两者的主要区别如下。

（1）主推款：通常是引流爆款，用于拉流量、做销量、冲排名。

（2）次推款：是利润款或关联款，用于提升客单价、保障盈利。

合理的产品结构能实现“流量＋转化＋利润”三重目标。但很多中小商家缺乏数据分析能力，往往凭感觉选品，导致资源错配、推广无效。

注意，不是所有产品都适合当“主推款”。理想的主推款应具备低价、高频使用、视觉冲击力强、易传播等特点；而次推款则更适合高毛利、功能专业、复购稳定的产品。AI 可以根据商家提供的多款产品信息，自动分析其属性，并建议哪款更适合做引流爆款，哪款更适合做利润支撑。以 DeepSeek 为例，相关案例如下。

提示词

我店铺有以下 3 款产品：

A. 可折叠硅胶收纳盒（售价 9.9 元，轻便易携带）；

B. 不锈钢厨房置物架（售价 39.9 元，耐用性强）；

C. 带刻度婴儿辅食碗（售价 15.8 元，专属性强）。

请分析每款产品的特性，判断哪款最适合作为主推引流款，哪款适合作为次推利润款，并说明理由。

DeepSeek

根据您提供的三款产品信息，我将逐一分析每款产品的特性，并结合电商运营中常见的产品组合策略（如引流款和利润款），判断哪款最适合作为主推引流款，哪款适合作为次推利润款。引流款通常指低价、高需求的产品，旨在吸引顾客进店，提升流量和转化率；利润款则指价格较高、利润率较高的产品，旨在产生主要利润。以下是详细分析：

1. 产品特性分析

A. 可折叠硅胶收纳盒（售价 9.9 元）

特性：售价最低（9.9 元），轻便易携带。这款产品定位为日常收纳用品，适合旅行、厨房或办公室使用。由于其价格低廉且实用性强，容易吸引价格敏感型顾客，冲动购买概率高。但低价可能意味着利润较薄，不适合作为主要利润来源。

B. 不锈钢厨房置物架（售价 39.9 元）

特性：售价最高（39.9 元），耐用性强。这款产品针对厨房收纳市场，材质为不锈钢，强调耐用性和质量，适合注重实用性和长期使用的顾客。高价可能阻碍冲动购买，但如果成本控制得当，利润率可能较高，适合作为利润生成产品。

……

专家提醒

该案例中的提示词通过提供“产品名称＋价格＋核心特性”的结构化信息，构建了一个可供比较的决策框架。AI 会基于拼多多平台的流量逻辑进行推理，它的整个判断过程依赖的是对电商运营规律的理解和属性对比逻辑，而非主观猜测，能够帮助商家避免将高成本产品误当作引流款去“烧钱”推广。

8.2.4　精准定位：精准匹配商品和目标人群

精细化运营是目前所有电商平台的发展方向，“千人千面”就是精细化运营下的一种典型表现。拼多多平台会通过大数据算法，更加精准地匹配商品和目标人群，从而提升产品的转化率和成交额。

专家提醒

在电商领域，“千人千面”指根据不同用户的兴趣、行为、购买历史等数据，为每个用户提供一套个性化、差异化的页面内容和推荐商品。这种技术通过大数据分析和 AI 算法，深入理解每个用户的需求和偏好，从而实现精准营销和个性化推荐。

在这种大背景下，商家一定要做好自己的店铺定位，否则平台就无法识别你的店铺定位，也就无法为你推荐精准的流量。这样，看到你店铺中的商品的人，可能都是没有需求的人，那么即使你花再多的钱去做推广，也是无济于事的，只能是白白浪费金钱和流量。

因此，商家需要先做好店铺的精准定位，然后再根据这个定位风格来选择产品，让店铺的整体风格更加清晰，这样拼多多平台也可以给你的店铺打上更加明确的标签，同时匹配更精准的用户去展示店铺。店铺精准定位的具体方法如图 8-12 所示。

另外，商家还可以通过精准的店铺定位快速找到市场的着力点，开发或选择出符合目标市场的产品，避免店铺走弯路，有更高的提升空间和时间效率，同时可以让产品能够更好地满足用户需求，把产品卖给需要的人。

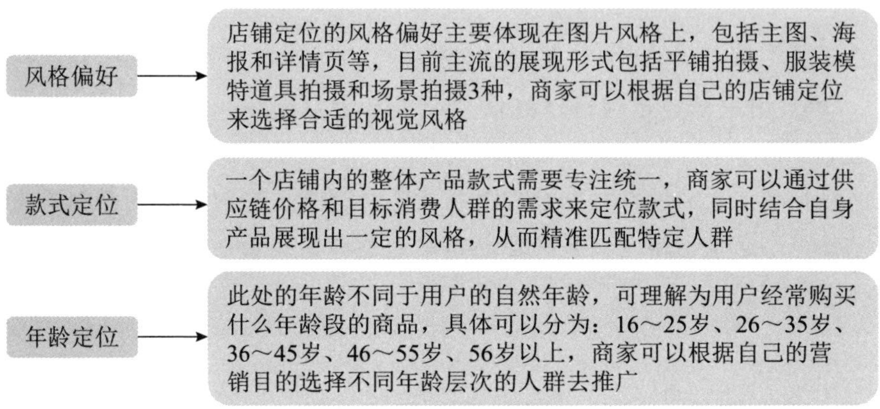

图 8-12　店铺精准定位的具体方法

8.2.5　爆款定位：拼多多选款的 5 大基本方案

选款后通常都需要进行测款，这对于中小型商家来说是一笔不小的开销。如果商家能够在选款时就选出一个优秀的款式，即可有效降低测款的成本。下面介绍拼多多商家选款的 5 大基本方案，如图 8-13 所示。

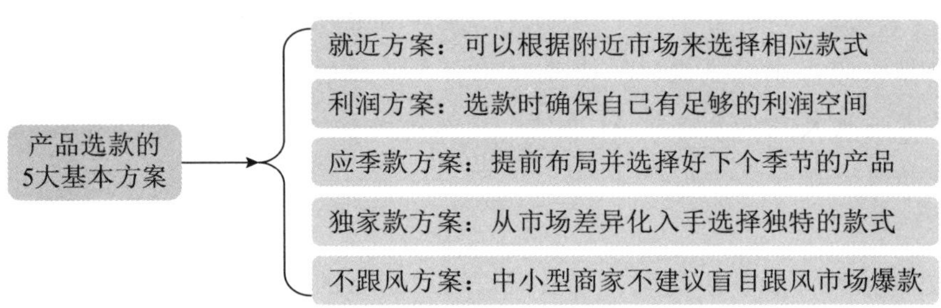

图 8-13　产品选款的 5 大基本方案

“选款决定生死”，决定你后面的推广是否有效。不然，商家就算将产品勉强推广起来，后期的维护成本也很大，而且运营也会更加困难。常见选择是通过搜索转化率、收藏加购率、UV（unique visitor，独立访客）价值、点击率这 4 个维度综合去考量，分析产品是否有竞争力，从而选择最合适的款式。

8.3 定价策略：促进爆款销量与利润提升

“低价、实惠”是拼多多平台的整体风格定位，用户最看重的就是产品的价格和性价比。因此，商家在做产品定价时，也需要考虑这一点。本节将深入介绍拼多多爆款的定价策略和技巧，帮助商家在激烈的市场竞争中占据优势地位，实现销量与利润的双重提升。

8.3.1 基本原则：需满足高性价比

价格便宜其实并不是拼多多受欢迎的主要原因，大家之所以喜欢拼多多主要是因为产品的性价比非常高。俗话说“便宜没好货”，但拼多多却打破了这种观念，不仅价格便宜实惠，而且还完全包邮。

尽管拼多多的产品价格普遍都很低，而且商家还要承担运费，但只要产品销量达到一定数量，还是会有不错的利润的，而且还能获得极大的流量，带动其他利润款的产品销量。因此，商家在给产品定价时，需要遵循一个基本原则，即“满足用户追求经济实惠和高性价比的消费心理”。下面介绍一些拼多多产品的基本定价原则，如图 8-14 所示。

- 利润空间值 → 商家在定价时，首先要了解自己产品的成本价，然后选择合适的利润空间值。商家可以参考卖得好的同行或同款产品的利润空间值，分析出用户可以接受的价格区间
- 预留降价空间 → 产品前期的价格可以定高一些，因为前期的展现量不会太多，因此价格的高低对流量的影响不大，而且这样做可以为产品后期报活动预留更多的降价空间
- 做好推广预算 → 定价时需要考虑推广的成本预算，让产品的ROI（return on investment，投资回报率）得到保障，同时保证商家不至亏本，尽可能让所有的花费都能够有所收获

图 8-14　拼多多产品的基本定价原则

专家提醒

引流款的主要作用是为了给店铺商品引流，给店铺带来更多潜在用户。引流款产品主要用于走量，因此性价比也非常高，但利润比爆款产品要稍微高一些，在不亏本的基础上上浮一点点，通常利润预期为 0% ～ 1%。

引流款要起到为整个店铺引流的作用，品种数就不能设置得太少。建议一个店铺可以设置 5 个引流款产品，降低商家的成本投入。同时，引流款还可以与爆款产品相结合，来为店铺引流，这样效果会更好。

8.3.2 设计方法：拼单团购价格差

拼多多不仅可以通过微信分享跟好友一起拼单，还可以直接在商品详情页跟其他已经下单的陌生人一起拼单。拼多多的拼单模式，使其在价格方面不同于淘宝和京东等电商平台，而是存在两种不同的价格类型，即单买价和拼单价。这两种价格的差距如何去设计，是商家需要重点考虑的地方。

通常情况下，单买价和拼单价一定要有较大的差距，这样才能给人带来拼单有更多优惠的直观感受。在商家发布商品的设置定价环节时，平台会要求商家满足“拼单价 < 单买价 < 商品参考价”的基本原则，否则商品可能会发布不成功，如图 8-15 所示。

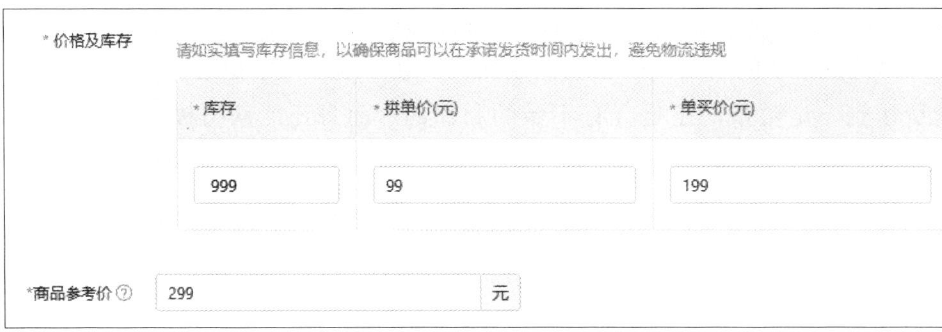

图 8-15　商品价格的设置示例

专家提醒

商品参考价即吊牌价、市场价，需高于单买价，但不得超过单买价的 5 倍。

商家在设定这 3 个价格时，不能随意盲目设置，这些价格必须符合当下的市场行情，同时单买价和拼单价的差距要符合实际情况，不能设置得过低或者过高，差距也不能太大。

例如，下面这两款产品的销量都非常火爆，如图 8-16 所示，左侧的充电宝产品单买价为 100 元，拼单价为 35 元，价差为 65 元；右侧的连衣裙产品单买价为 185.9 元，拼单价则更低，不到单买价的三分之一，定为 49.5 元，价差为 136.4 元，都可以让人感到拼单价更实惠。

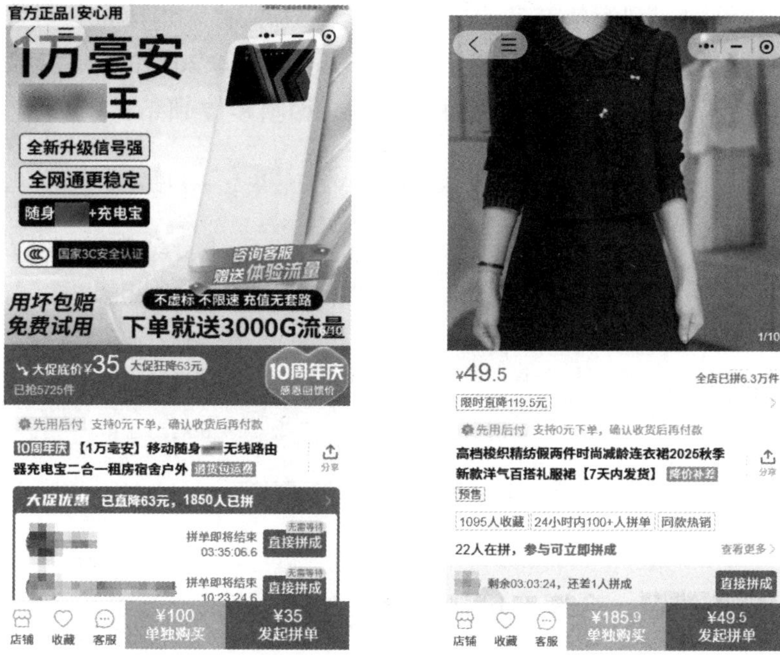

图 8-16　爆款产品的单买价和拼单价设计示例

8.3.3　组合定价：带动全店的销量

很多店铺会采用单品组合定价的方式来带动全店的销量。例如，有些店铺主推的是 9.9 元的产品，但成交更多的是 29.9 元的套装产品，这是因为大家觉得组合装更加实惠。

店铺常见的组合款式包括“引流款＋利润款＋形象款”。引流款的目的不是赚钱，而是吸引大量的流量，带动店铺中其他款式产品的销售。每个店铺的最终运营目标都是盈利，想要盈利就离不开利润款产品。可以说，店铺中除了爆款和引流款，其他产品都要能够产生收益，都可以成为利润款。

专家提醒

形象款是店铺中用于展示品牌实力和调性的产品款式，其主要目的是塑造品牌形象，吸引对品质和设计有较高要求的用户群体。这类产品通常具有独特的设计、高端的品质和较高的价格定位，虽然销量可能不如引流款和利润款，但能有效提升店铺整体形象，增强品牌的可信度和吸引力。

利润款产品的重点在于计算出合理的利润率。商家可以根据产品预期利润率的估值来设定。利润款产品的主要特点就是利润高，但流量相对较少。在规划店铺的利润款产品时，可以运用“二八原则”，即 20% 的产品为商家带来 80% 甚至更多的利润。利润款产品的运营技巧如图 8-17 所示。

人群定位 → 选择特定的小众人群，他们通常是一些比较注重个性化追求的群体

数据分析 → 使用数据分析目标人群偏好，根据他们的需求来设计产品（风格、款式、价格），突出产品的独特卖点

产品推广 → 针对利润款的目标人群，可以使用更加精准的定向推广方式，前期可以先用少量定向数据进行测试，也可以使用预售或者试用的方式，进行产品调研。利润款也要预留折扣空间，便于获取更多的活动流量

图 8-17　利润款产品的运营技巧

8.3.4　定价建议：合理定价是关键

扫码
看教学

拼多多商家在做产品定价时，一定要多参考和分析同行和同款产品，甚至其他平台的同款产品，同时还要考虑店铺评分和信誉等因素来合理定价，让店铺能够快速做大做强。下面针对拼多多的商家定价，给出了 4 个小建议。

1. 核算成本，掌控利润

如今的电商成本不再是简单的产品进货成本，更多的其实是运营成本，如人工、场地、推广和售后等。其中，人工和场地只是小部分成本，更多的是获客成本。并不是每一款产品都有自己独特的优势，拼多多上更多的都是普通产品。对于用户来说，他们更愿意去选择那些已经有成千上万销量的爆款产品，而不会选择零销量的新品。

因此，商家要关注获客成本值，来制定产品的推广策略。例如，某件产品的售价为 100 元，获客成本为 30 元，则商家要产生 100 单的销量，需要付出 3000 元的获客成本。有了基础销量后，商家即可获得更多推广权重。

另外，商家也可以通过多多进宝主动做一些秒杀或限量抢购等不需要基础销量的活动，如果这些活动的推广成本小于获客成本，那么商家则可以尝试这个渠道；如果这些活动的推广成本大于获客成本，则商家可以考虑换一种方法，用更小的成本把产品的基础销量做起来，如多多视频、多多直播、明星店铺以及商品推广等。

2. 不同商品，因地制宜

不同的店铺阶段或者商品类型，可以制定不同的定价策略。下面从常规商品和新店商品两方面进行分析，给大家提供一些参考思路，如图 8-18 所示。

常规商品 → 可以参考拼多多上的同类爆款的定价，同时稍微优惠一些，在保证利润的基础上给用户带来更高的性价比，吸引用户下单

新店商品 → 新店必须保证产品品质，同时在价格上给用户更多让利，这样才能让产品更有吸引力，销量快速破零，而且也能够有更多机会参与活动

图 8-18　常规商品和新店商品的定价策略

3. 活动商品，合理定价

首先，商家要清楚活动商品的作用，那就是冲销量、抢排名；然后，商家需要选择活动的“主战场”，包括活动位置和频道的选择；接下来，商家要思考自己对活动效果的期望是什么，要通过活动达到多少单的销量，这些都要在前期做好具体的计划；最后，通过这些数据和条件，来确定活动商品的定价区间。

例如，品牌秒杀活动是一个仅针对品牌商品开放的营销活动，拥有千万级流量，是拼多多流量和转化率最高的频道之一。

虽然品牌秒杀活动的好处非常多，门槛也比较低，但也有一些基本要求，基本底线要求的第一条就是“全网最低价”。如果商家的商品一开始的定价就已经是全网最低价格，那么在报名活动时，即使定价能够通过审核，但因为这个价格在后期很难做到大幅让利，因此也很难吸引用户下单。

4. AI 赋能，智能定价

产品价格不仅影响用户的感知价值，更直接关系到产品能否参与平台活动、获得流量扶持。然而，很多中小商家缺乏数据支持，在定价时往往凭经验或“随大流”，导致要么定价过高无人问津，要么低价倾销难以盈利。

此时，AI 可作为商家的“智能定价顾问”，它能够结合成本结构、市场竞争、用户心理和平台规则，提供可落地的定价建议。AI 虽不能读取店铺后台的真实销量数据，但能通过逻辑推理、行业规律和消费行为模型，帮助商家制定出符合拼多多生态的合理价格区间，尤其适用于新店起量、活动申报、利润优化等关键场景。

定价不是简单的“成本＋毛利”，而是要在保证盈利的同时具备市场竞争力。对于新手商家而言，常常低估运营成本（如推广、人工、仓储），导致实际利润远低于预期。AI 可以帮助商家在输入成本后，自动计算不同毛利率下的建

议售价，并给出是否具备市场竞争力的判断。以 DeepSeek 为例，相关案例如下。

提示词

我有一款“硅胶收纳盒”，进货成本为 3.5 元，包装 0.8 元，物流 0.5 元，预计每单推广费用 2 元。我希望这款产品毛利率达到 60%，请帮我计算合理的售价，并判断这个价格在拼多多同类产品中是否有竞争力。如果要参与“品牌秒杀”活动，最低价应设为多少？

DeepSeek

硅胶收纳盒定价与竞争力分析

我将逐步计算硅胶收纳盒的合理售价，分析其在拼多多平台的竞争力，并确定参与“品牌秒杀”活动的最低价格。计算基于以下已知成本：

进货成本：3.5 元

包装成本：0.8 元

物流成本：0.5 元

推广费用：2 元 / 单（假设每单销售 1 个）

目标毛利率：60%

1. 计算合理售价

首先，计算总成本，然后根据目标毛利率推导售价。

公式：

毛利率 =（售价—成本）/ 售价 ×100%

……

专家提醒

该案例中的提示词采用“结构化输入＋多层任务指令”的设计方式：首先明确列出所有成本项（进货、包装、物流、推广），确保 AI 能准确计算总成本；接着提出“毛利率 60%”这一量化目标，使 AI 可进行数学反推；最后通过“是否有竞争力”“活动最低价”两个延伸问题，引导 AI 从“内部核算”转向“外部市场判断”。这种“数据输入→目标设定→多维度输出”的结构，能有效避免 AI 给出模糊或主观的回答，确保输出结果兼具准确性与实用性。

8.3.5　竞争技巧：打破同质化价格

如今，拼多多平台上可以说是各路高手云集了，每个人都有自己拿手的绝活，竞争非常激烈。对于普通商家来说，难免会陷入大量的同质化价格竞争。在这种情况下，商家该如何在众多同款中脱颖而出呢？首先，商家需要重点分析竞店的产品结构和单品销量，具体指标如图 8-19 所示。

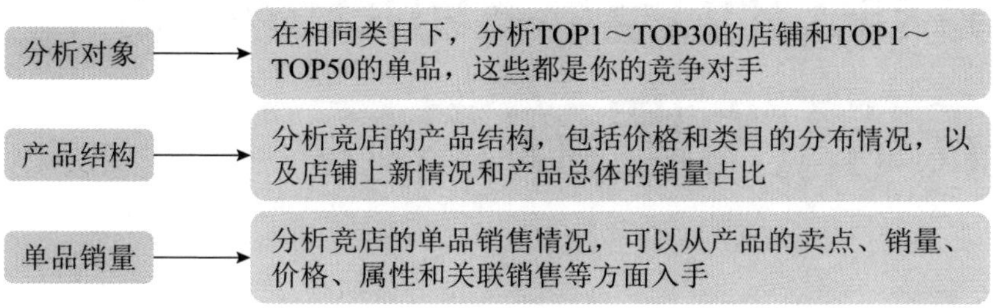

图 8-19　同款产品的竞店分析

接下来，商家需要做好自己店铺的人群定位，并根据这些人群的标签特点对产品进行优化，打造与竞品的差异化属性，避免与强大的竞争对手正面对抗。这里可以给大家提供一个思路，那就是不必过分强调低价，而是可以将价格转化为品质，通过优化标题、主图、视频和详情页来突出产品的品质优势，从而将竞品的价格优势淡化。商家可以查看竞品的差评，这些就是你的产品可以提升的地方。

当然，除了从质量方面入手外，商家也可以通过服务来提高差异化竞争优势，如选择更好的快递，或者采用更好的包装等。通过挖掘差异化的产品特点，能够让商家有效避免陷入同质化的价格战。

对于拼多多商家来说，千万不能单纯依靠价格战来吸引用户。低价确实能吸引用户下单，但你不可能一直做低价，否则你的店铺很难盈利，也就很难生存下去，结果往往是“你死我亡”。

而一旦你开始调整价格，那么前期积累的用户则会大量流失。所以，商家一定要善于用特色去吸引和留住用户，而不是单纯“打价格战”。商家不要总是盯着对手的价格不放，而应该多分析竞品的优势来打造自己的产品特色，从而获得更多的新客，并提升转化率和客单价。

第 9 章

爆款锻造，彻底激发产品的爆款潜质

学前提示

任何事物的火爆都需要借助外力，而拼多多爆款的锻造升级也是如此。在这个产品繁多、信息爆炸的时代，如何引爆产品，让新品和老品都有成为爆款的机会，是值得所有商家思考的问题。本章将以爆款锻造为中心，介绍把普通产品升级为爆款的方法和技巧。

要点展示

◆ **爆款入门：**把握关键要素制造爆点

◆ **爆款升级：**运用商品标签冲击爆款

9.1 爆款入门：把握关键要素制造爆点

拼多多中的产品种类繁多，形形色色的产品，难得出一个爆款。对于商家来说，打造爆款首先就是要把握关键要素，制造爆点。这里的关键要素包括找准目标用户、提供特定场景、满足用户需求、击中用户痛点、提高性价比等。这些要素是打造爆款的重要环节，必不可少。

9.1.1 找准你的目标用户

扫码
看教学

打造一款成功的爆款，关键的一点就是找准你的目标用户。作为爆款的设计者，你要清楚地了解你的用户是谁。不仅如此，你最好还能生动形象地描述出用户的各种特性以及他喜欢的生活状态。

那么，应该如何找准目标用户呢？方法有 3 种，第 1 是根据年龄来分段，第 2 种是按照兴趣爱好来划分，第 3 种是用 AI 推荐目标人群画像。下面依次进行介绍。

1. 根据年龄分段

营销与人密不可分，研究营销之前一定要先了解人。因此，打造爆款也少不了对用户心理的把握。根据年龄来分段的要点如图 9-1 所示。

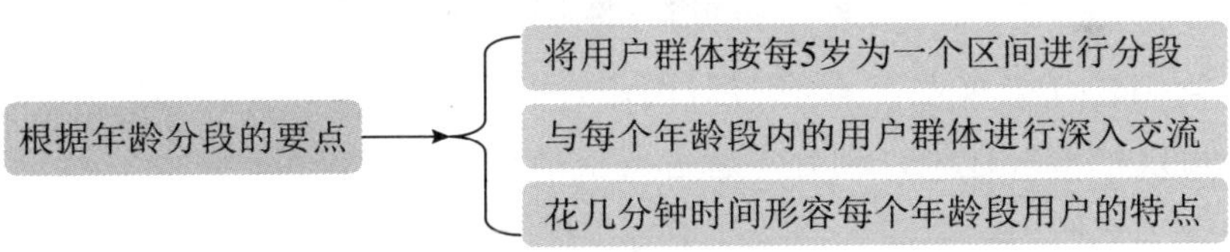

图 9-1　根据年龄分段的要点

提供给用户“对症下药”的产品是很有必要的。让我们来看一个例子。20 岁左右的用户适合推销护肤补水型的面膜，而 40 岁左右的用户则适合推销抗衰老型的面膜产品。

在营销当道的时代，为了寻找到特定的目标消费群体，了解他们独有的消费需求，就应该学会为不同类型的用户提供相对应的产品或服务。如果不这么做，就很难找准目标用户，那么打造爆款也就成了空谈。

因此，商家要学会根据年龄分段去明确目标消费群体，而不是盲目打造爆款。你可以利用这些群体年纪相仿的特性，找到他们相似的地方，即“共性”。

然后根据他们的共同特征，尝试着就他们感兴趣的事物进行交流。如此一来，你就能准确把握他们的想法和需求，从而打造出受人欢迎的爆款。

2. 按照兴趣爱好划分

按照兴趣爱好划分的用户群体通常与年龄无关，如很多人跨越年龄的鸿沟，彼此成为要好的朋友，只因为他们有相同的兴趣爱好。

例如，喜欢电影的人，无论是“70 后”“80 后”，还是“90 后”，都喜欢去电影院看电影，因为他们都是喜欢享受影院氛围的人群。所以说，“物以类聚，人以群分”还是有它的道理的。因此，按照兴趣爱好划分消费人群可以有效打破年龄的限制，让不同年龄的人对同一种产品情有独钟。

相同类型的人对品牌的喜爱，是建立在共同的兴趣爱好上的，这与年龄阶段的关系不大。而我们需要明确的是，打造成功的爆款就需要抓住用户的人群特点，从而找准目标用户。

例如，一款健康、营养价值比较高的核桃油虽然质量很好，而且价格也不是特别贵，但一直找不到营销的好办法，其销售状况令人担忧。于是商家对消费人群进行了调查研究，制订了相关的解决方案，如图 9-2 所示。

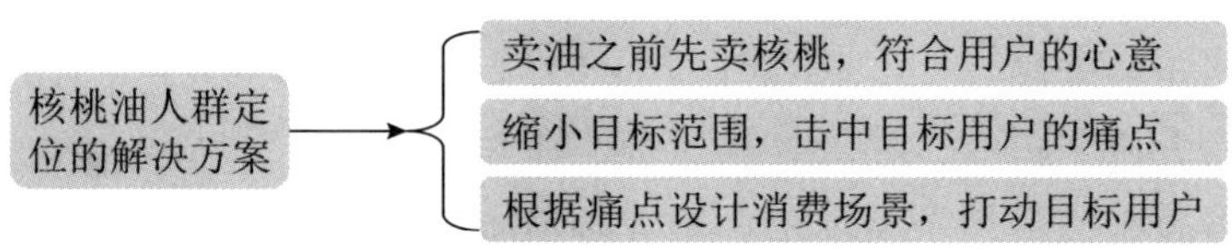

图 9-2　核桃油人群定位的解决方案

无论销售什么产品，都应该对用户进行目标锁定，可以按照年龄阶段划分，也可以根据兴趣爱好划分，总之要找准目标用户。这样的话，我们就可以顺利地找到他们的消费需求，从而更好地向其销售产品。

3. 用 AI 推荐目标人群画像

在打造爆款的过程中，“谁是你的用户”比“卖什么产品”更重要。传统方法依赖市场调研、问卷和经验判断，耗时耗力且容易主观。而如今，我们可以通过精心设计的提示词，引导 AI 分析产品特征、消费场景与市场需求，快速输出精准的目标人群画像——包括年龄、性别、地域、兴趣偏好、消费心理等维度。

这种方法特别适合初创品牌、中小商家或缺乏专业运营团队的店铺。只需输入少量信息，AI 就能基于大数据训练结果，模拟真实用户行为，给出可落地的用户洞察建议。

例如，一款主打“低糖、高纤维、无添加”的有机燕麦片，面向注重饮食健康的用户。但这类人群比较广泛，如何从“泛健康群体”中锁定最具购买力的核心用户？通过 AI 分析其营养需求、生活习惯与消费动机，可以帮助商家精准定位细分人群。以 DeepSeek 为例，相关案例如下。

提示词

我正在销售一款“有机燕麦片”，主打“无添加蔗糖、高膳食纤维、非转基因”。请帮我分析这款产品的核心目标用户是谁。要求如下：

①推荐最可能购买此产品的用户画像，包括年龄、性别、地域、兴趣爱好、生活方式等；

②描述他们的主要消费痛点和决策动机。

DeepSeek

好的，我们来为您这款“有机燕麦片”（主打无添加蔗糖、高膳食纤维、非转基因）进行核心目标用户画像和消费动机分析。

这是一款非常典型的消费升级产品，其目标用户画像清晰且具有高重合度。

①核心目标用户画像

综合您的产品卖点，我们为您描绘出以下两个最核心、最可能购买的用户画像：

画像一：都市健康生活追求者（白领 / 轻熟女性）

年龄：25 ～ 40 岁

性别：女性为主（她们通常是家庭健康采购的决策者）

地域：一、二线城市，如北京、上海、深圳、杭州、成都等。这些地区信息流通快，健康意识超前，对“有机”“非转基因”等概念接受度高。

兴趣爱好：

关注健康、健身、瑜伽、普拉提等。

喜欢在小红书、下厨房等平台浏览美食、养生、减肥相关内容。

……

专家提醒

该案例中的提示词结构清晰，明确产品卖点与分析目标，通过分点要求引导 AI 系统输出用户画像与消费动机。其意义在于：聚焦核心问题、规范输出格式、提升回答精准度，确保 AI 从多维度深入洞察用户，助力精准营销决策。

9.1.2 提供特定使用场景

在移动互联网时代，特定的使用场景在打造爆款时显得尤为重要。即便你的产品物美价廉，但用户并不觉得自己需要，更不会去购买，那也无济于事。但如果你为产品打造了特定的使用场景，就很容易打动人心，让用户为产品驻足。

要打造爆款就要学会提供使用场景，让用户被这个场景吸引。那么，消费场景到底包含了哪些要素呢？这里将其总结为 5 点，如图 9-3 所示。总的来说，消费场景就是这 5 点的综合体验。你只有将这 5 点全面把握好，消费场景才会更加贴近现实，从而抓住用户的消费心理。

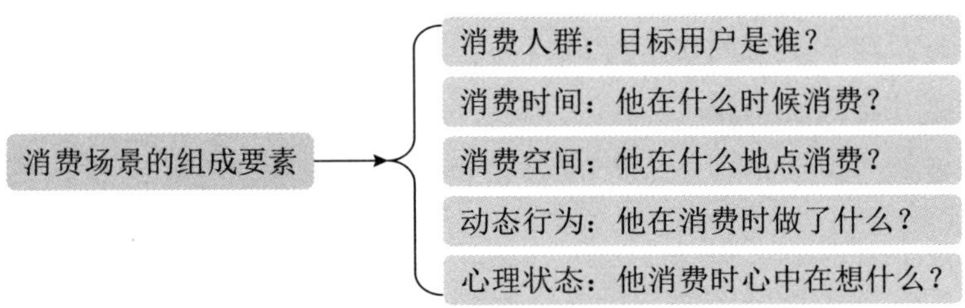

图 9-3 消费场景的组成要素

虽然如今网购的方式越来越多，购物也越来越便捷，但用户还是无法直接感受产品的长处和特点。因此，这就需要我们用图片、文字、视频、直播、社群等方式来打造一个消费场景，使得用户产生共鸣并得到心理满足。

专家提醒

例如，展示服装时提供不同场合的穿搭示例，展示家居用品时提供实际布置效果的照片或视频。另外，商家还可以在商品详情页中详细描述商品的适用场景、使用方法和优势，帮助用户更好地理解和想象产品的实际应用。

9.1.3　满足用户的强需求

扫码
看教学

如何成为爆款？第一要素是满足用户的诉求。做好产品营销有两点颇为重要：一是抓住目标用户，二是满足用户的真实需求。为了满足用户的强需求，首先要找到目标用户的真实需求。这个寻找的过程可以分为三大步骤，如图 9-4 所示。

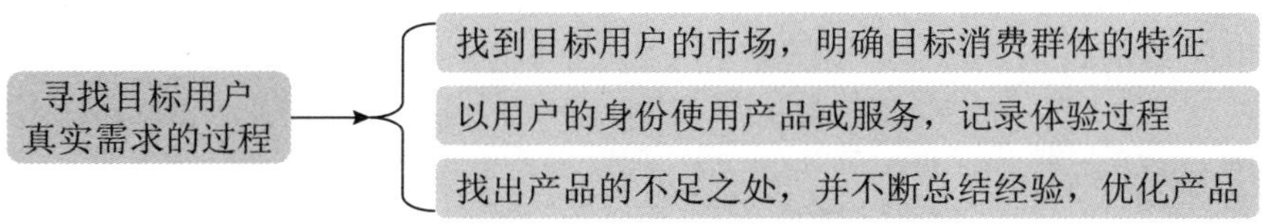

图 9-4　寻找目标用户真实需求的过程

以某地区种植的一款有机米为例，为了将产品销售出去，商家一开始将其定位为绿色、健康的食品，并强调此产品对人的身体有很多好处。而且该产品所针对的可食用人群跨度十分大，从婴幼儿到中老年人群都可以食用。不过，这款有机米的定价不是很亲民，因为产品定位偏高端。

这种营销方法没有获得成功，虽然商家在广告投放方面花了大价钱，但销售业绩却没有得到相应的回报。那么，商家的营销到底哪儿出错了呢？下面将其总结为三大误区，如图 9-5 所示。

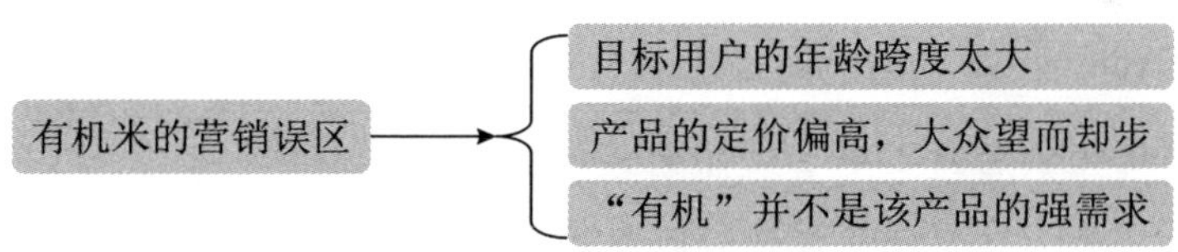

图 9-5　有机米的营销误区

而最终为了将这款有机米推广出去，商家找到了两大解决方法，即“集中关注部分用户”和“挖掘部分用户的强需求”，具体内容如图 9-6 所示。

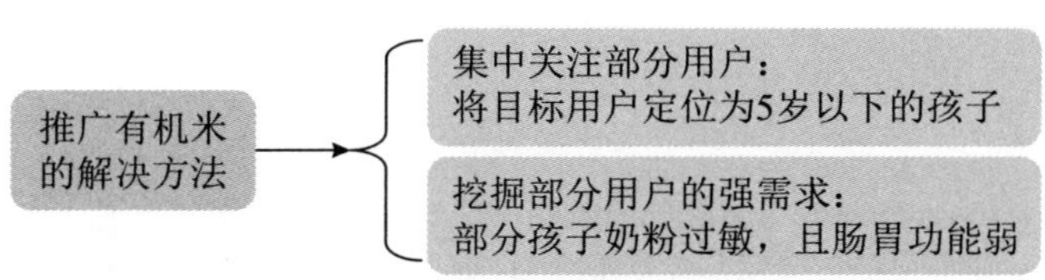

图 9-6　推广有机米的解决方法

在拼多多这样的价格敏感型平台上，用户往往不关心产品“有多好”，而只关心“能不能解决我的问题”。因此，能否把用户的强需求（如“怕过敏”“怕贵”“怕麻烦”）精准翻译成直击人心的卖点语言，是决定产品转化率的关键。AI 可以快速生成多个版本的卖点文案，既符合平台调性（简洁、口语化、有情绪），又能精准匹配用户心理。

例如，许多妈妈在选购婴儿湿巾时最担心的问题是“刺激皮肤”“引发过敏”。这是典型的强需求：不是“想要更好”，而是“必须安全”。AI 可以帮助商家将这一用户焦虑转化为具有安全感和信任感的卖点语言。以 DeepSeek 为例，相关案例如下。

提示词

我正在销售一款“婴儿湿巾”，主打“无酒精、无香精、弱酸性配方”，目标用户是 0～3 岁宝宝的家长，他们最大的担忧是“宝宝皮肤敏感，容易红屁屁”。请帮我将这个用户痛点转化为 5 条适合拼多多平台的卖点语言，要求如下：

①语言简洁有力，不超过 20 字；

②突出安全性与安心感；

③使用口语化表达，贴近宝妈日常沟通风格；

④可适当加入权威背书元素。

DeepSeek

1. 医护推荐无酒精，宝宝屁屁不红了！
2. 弱酸性配方超温和，妈妈放心首选。
3. 零香精零刺激，专治宝宝敏感肌。
4. 三重安心配方，红屁屁说拜拜！
5. 经实验温和认证，宝妈安心之选。

……

专家提醒

该案例中的提示词采用“痛点＋场景＋语气规范”结构，明确指出用户核心焦虑（红屁屁），并限定平台属性（拼多多＝口语化、短句），同时给出风格建议（安心感、权威感），确保 AI 输出的内容不仅准确，还具备高转化潜力。

9.1.4 能击中用户的痛点

在通过电视广告打造品牌的时代，企业和商家都在强调卖点的重要性，即产品的优势与特征。举几个经典的例子，如图 9-7 所示。

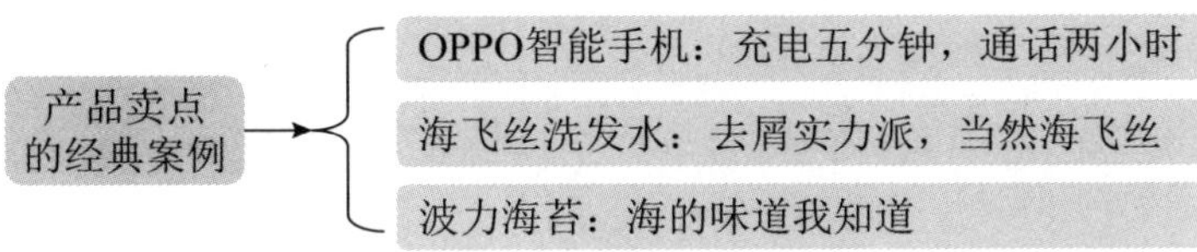

图 9-7　产品卖点的经典案例

与卖点不同，痛点强调的是用户的诉求和体验，主要是从用户自身出发。例如，小米击中了大多数用户觉得智能手机价格太高的痛点，支付宝、微信支付解决了很多人觉得带现金出门麻烦的痛点。

而打造爆款的重点就在于能够准确击中用户的痛点。以一款免熨衬衫为例，为了击中用户的痛点，首先就应该找到并总结归纳所有普通衬衫的痛点，具体内容如图 9-8 所示；然后就是根据这些痛点，对这款免熨衬衫进行包装和设计，全面击中用户的痛点，使其成为爆款产品。

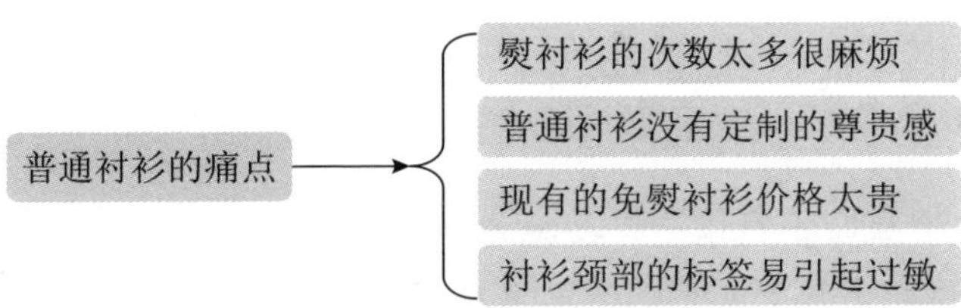

图 9-8　普通衬衫的痛点

总之，痛点就是通过对人性的挖掘全面解析产品和市场；痛点就潜藏在用户的身上，需要你去探索和发现；痛点就是正中用户下怀，使他们对产品和服务产生渴望和需求。

9.1.5 远超对手的性价比

无论购买什么产品，大部分用户第一关注的通常是性价比，最好的产品总是用户眼里物美价廉的那一款。没有人不喜欢物超所值，只要产品拥有让用户满意的性价比，就能成功吸引用户的眼球，从而推动产品的销售。那么，为了打造爆款，对于产品的定价到底应该怎样规划呢？下面总结了爆款定价的几点要求，如图 9-9 所示。

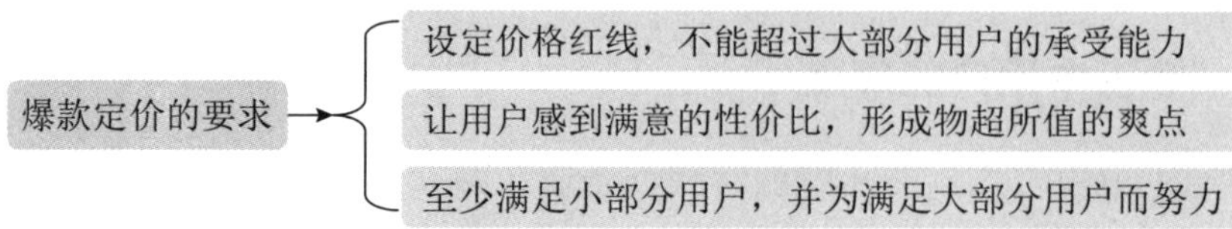

图 9-9　爆款定价的要求

打造爆款还应该掌握各种各样的定价方式，才能真正做到物美价廉，得到用户的肯定和认同。那么，具体有哪些打造爆款的定价方式呢？大致总结为以下几点。

- 为成本加价。
- 以竞争对手为参考。
- 看用户的承受能力。

销量是爆款的一个重要衡量指标。销量提不上去很大的原因就在于定价错误。很多商家给产品定价时十分盲目，以致走入了定价的误区而不自知。定价的误区主要表现在以下 3 个方面：

- 因为产品数量少而定价高。
- 定价的目的在于赚取眼前利润。
- 提供给中间商丰厚的利润。

专家提醒

在打造爆款时，商家一定要把眼光放得更长远一些，不能光看眼前的利益，不然就无法打造出真正受用户喜爱的爆款。

9.2　爆款升级：运用商品标签冲击爆款

在拼多多平台上，我们可以看到，几乎每个爆款都有一个甚至几个商品标签。这些标签能够吸引用户的眼球，让他们对商品产生更多的点击欲望，从而为商品带来更多的流量，同时极大地缩短了从商品曝光到用户下单的消费路径，有利于商品快速冲击爆款。

9.2.1　服务标签：体现爆款的优质服务

服务标签的类型非常多，主要用于展现商家提供的各种类型的优质服务，能够让用户购物过程更舒心，给他们更多保障。下面是一些常见的服务标签。

（1）极速发货：在拼多多商家后台进入“商品管理→发布新商品”页面，在“服务与承诺”选项区中，将“承诺发货时间”设置为“24 小时发货及揽收”，如图 9-10 所示，即可获得该标签。该标签将展现在商品标题、服务承诺以及搜索列表页中。

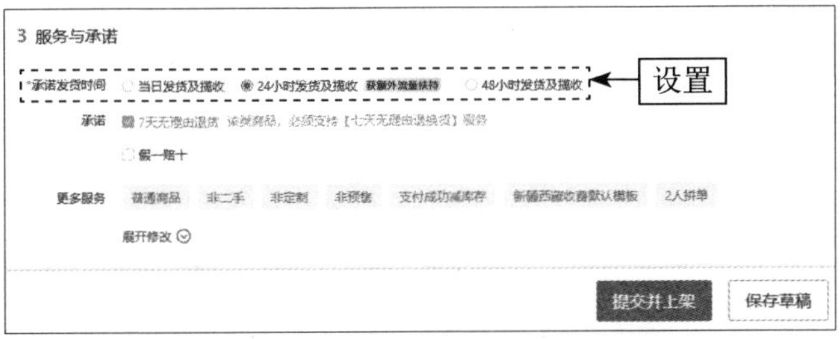

图 9-10　将“承诺发货时间”设置为“24 小时发货及揽收”

（2）7 天无理由退货：在拼多多商家后台进入“商品管理→发布新商品”页面，在“服务与承诺”选项区中，选中“7 天无理由退货”复选框，即可获得该标签，效果如图 9-11 所示。用户购买该商品后，如果在 7 天之内对商品不满意，可无理由退货。

（3）退货包运费：在拼多多商家后台中进入“售后管理→消费者体验”页面，付费开通“退货包运费”服务，即可获得该标签，效果如图 9-12 所示。如果符合条件的用户在确认收货前完成退货，即可获得平台的单程运费补贴。

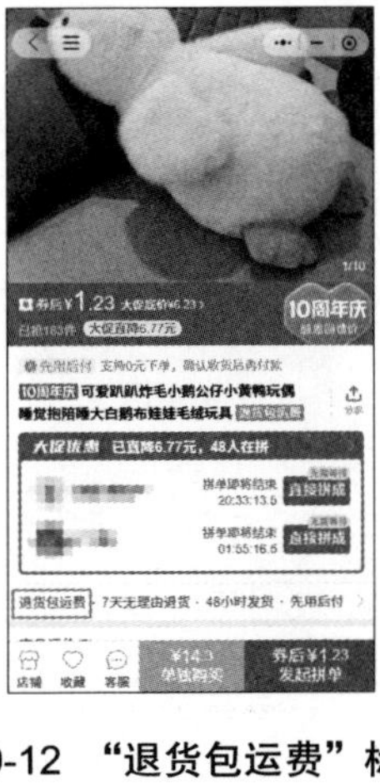

图 9-11　“7 天无理由退货”标签示例　　图 9-12　“退货包运费”标签示例

（4）极速退款：在拼多多商家后台中进入“售后管理→极速退款”页面申请，开通后会在首页、推荐页、商品详情页以及下单页等页面显示“极速退款”服务标签。该标签能够大幅提升流量权重和购买转化率。

（5）顺丰包邮：在拼多多商家后台中进入“发货管理→物流工具→新建运费模板”页面，选中“使用顺丰包邮，并同意《顺丰包邮服务条款》”复选框，如图 9-13 所示，即可获得该标签。

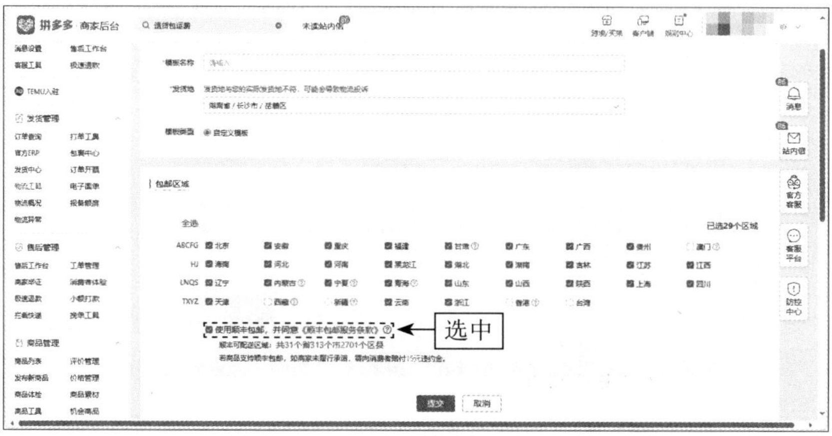

图 9-13　选中“使用顺丰包邮，并同意《顺丰包邮服务条款》”复选框

（6）送货上门：在拼多多商家后台中进入“发货管理→物流工具→送货上门设置”页面，创建送货上门模板，如图 9-14 所示，即可获得该标签（仅限部分类目）。符合相关要求的用户在购买带有该标签的商品时，可享受商家免费提供的送货到收货地址的特殊服务。

图 9-14　创建送货上门模板

（7）假一赔十：在拼多多商家后台进入“商品管理→发布新商品”页面，在“服务与承诺”选项区中，选中“假一赔十”复选框，即可获得该标签，效果如图 9-15 所示。如果用户收到商品后，发现该商品为假冒品牌，经过平台证实后用户可获得十倍赔偿。

（8）只换不修：在拼多多商家后台进入“商品管理→发布新商品”页面，在“服务与承诺”选项区中，选择开通“只换不修”服务，即可获得该标签，效果如图 9-16 所示。注意，只有部分类目具备该服务，商家会对符合相关条件的用户提供一次免费更换全新商品的服务。

图 9-15 “假一赔十”标签示例

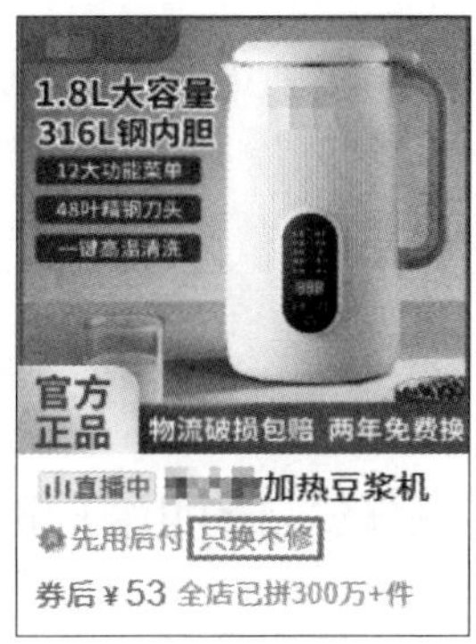

图 9-16 “只换不修”标签示例

（9）正品发票：在拼多多商家后台进入“商品管理→发布新商品”页面，在“服务与承诺”选项区中，选择开通“正品发票”服务（仅限部分类目），即可获得该标签。用户在购买带有该标签的商品时，商家承诺在规定时间内（“7 天无理由退换货”期限届满后第 3 个工作日）免费为用户提供商品发票。

（10）全国联保：在拼多多商家后台进入“商品管理→发布新商品”页面，在“服务与承诺”选项区中，选择开通“全国联保”服务（仅限部分类目），即可获得该标签。用户在购买带有该标签的商品后，商家必须按照相关的法律法规为用户免费提供修理、更换和退货服务。如果商家没有履行该承诺，则需要以提供 50 年有效的无门槛平台优惠券的形式，赔付 100 元的违约金给用户。

（11）分期付款：在拼多多商家后台中进入“店铺营销→营销工具→分期免息”页面，开通“分期免息”功能，如图 9-17 所示，即可获得该标签。用户在购买带有该标签的商品时，无须支付手续费即可使用花呗分期购买大件商品。分期购买可有效降低用户的经济压力和心理压力，从而提升商品转化率和商品客单价。同时，商家还可以设置相应的免息规则，规定由谁来承担分期手续费。

（12）爱心助农：该标签主要针对水果生鲜类目中的“助农专题”商品，商家需要找对接运营申请标签。

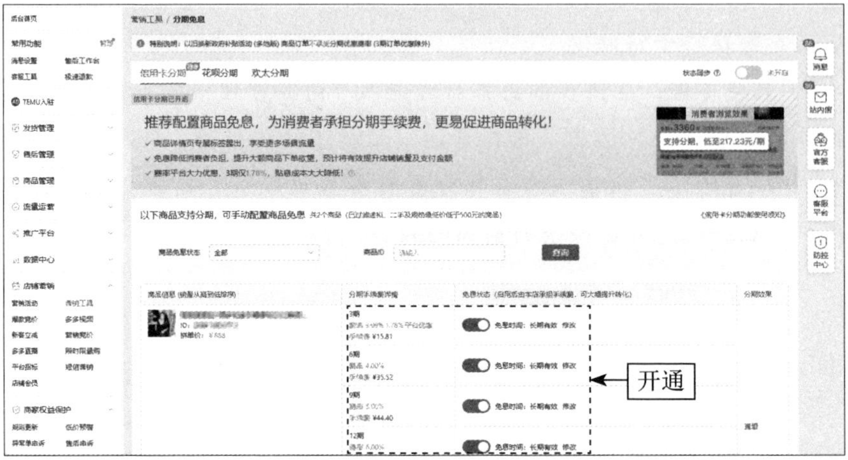

图 9-17　开通“分期免息”功能

9.2.2　社交标签：增加用户的二次回购

如果商家无法在短期内快速拉新，不妨回头看看自己的老客户，这些老客户的作用是新客户无法替代的。维护老客户不仅可以帮助商家减少广告支出，降低沟通成本和服务成本，还能获得相对稳定的销量。

商家在打造爆款产品时，可以转换一下思路，利用社交标签来吸引和维护店铺的老客户，让店铺的生意更长久、更火爆。下面是一些常见的社交标签。

（1）收藏的商品：主要针对用户收藏的商品，不限时间，都会在搜索结果页和推荐页中展示该标签，如图 9-18 所示。

（2）我拼过：用户成功拼单购买了 1 件商品，则会在搜索结果页和推荐页中展示该标签，如图 9-19 所示。

（3）好评过：用户购买并给予商品 1 次好评，会在搜索结果页和推荐页中展示该标签。注意，系统默认好评不算。

（4）我评价过 *N* 次：用户给予某个商品的好评超过 2 次，其中 *N* 为具体的评价次数，则会在搜索结果页和推荐页中展示该标签。同样，系统默认好评不算。

社交标签主要反映了用户和商品的各种关系，如果商品质量确实很好，则能够吸引有需求的用户再次回购。同时，拼多多还有展现用户与店铺关系的社交标签，如“我好评过的店铺”“我收藏过的店铺”等标签；以及展现用户的微信好友和商品之间的关系的社交标签，如“好友买过的店 / 商品”“*N* 位好友买过的店 / 商品”“好友收藏过的店 / 商品”“*N* 位好友收藏过的店 / 商品”“好友好评过的店 / 商品”“*N* 位好友好评过的店 / 商品”等标签。

图 9-18　“收藏的商品”标签示例

图 9-19　“我拼过”标签示例

9.2.3　榜单标签：让爆款热度更加持久

榜单标签主要由拼多多平台根据商品数据自动评选，商家无须报名。在由流量到订单的链条中，首先就是“曝光→点击”。在此过程中，用户的心理很大程度上决定了他是否会点击商品。

因此，商家可以通过更有说服力的榜单类标签，来刺激用户的消费心理，提升商品流量的转化率，从而让爆款的热度更加持久。下面是一些常见的榜单标签。

（1）×× 畅销榜第 1 名：在拼多多商家后台中进入“店铺营销→营销活动→首页推荐专区”页面，选择相应商品报名“冲榜”活动，审核通过后等待榜单数据更新，商品进入对应的榜单或榜单池，上榜后即可获得对应标签，如图 9-20 所示。

（2）月销量飙升超 1 倍：由平台实时抓取近 30 天支付订单量，自动与上个周期对比，增幅≥ 100% 即予显示，系统次日刷新即可贴标，如图 9-21 所示。

（3）本周 ×× 畅销前十：商品如果进入平台 TOP200 三级类目下畅销排行的前十名，即可获得该标签。

（4）本周 ×× 好评前十：商品如果进入平台 TOP200 三级类目下好评排行的前十名，即可获得该标签。

图 9-20 “× × 畅销榜第 1 名”标签示例

图 9-21 “月销量飙升超 1 倍”标签示例

9.2.4 优惠标签：展现性价比高效引流

优惠标签主要是利用拼多多商家后台中的各种营销工具，如拼单返现、多件优惠、店铺 & 商品优惠券等，商家通过发布这些优惠券来获取对应的标签。商家在发布新品时，如果想在拼多多上实现快速冲量，性价比是必不可少的销量推动因素。

尤其是在单品的爆款初期，不管商家是否开通了付费推广，这些优惠标签都可以展现商品的性价比，快速吸引用户注意力，带来较高的流量转化率。下面是一些常见的优惠标签。

（1）立减 × 元：商家可以在拼多多商家后台中进入“店铺营销→营销工具→优惠券”页面，设置商品立减券，即可获得该标签，效果如图 9-22 所示。

（2）第 2 件优惠：商家可以在拼多多商家后台中进入“店铺营销→营销工具→优惠券”页面，设置“多件优惠”功能后即可获得该标签，仅展示第二件优惠。

（3）立享 × 折：商家可以在拼多多商家后台中进入“店铺营销→营销工具→优惠券”页面，设置单件打折券，即可获得该标签，效果如图 9-23 所示。单件打折券可以为单个商品设置折扣，用户无须凑单，能够即时刺激转化。

（4）满 × 返 ×：商家可以在拼多多商家后台中进入“店铺营销→营销工具→店铺满返”页面，设置“店铺满返”功能后可获得该标签。

（5）满 × 减 ×：商家可以在拼多多商家后台中进入“店铺营销→营销工具→店铺满减”页面，设置全店满减券，优惠券剩余数量不为 0 且在优惠券有效期内，即可获得该标签。

图 9-22　“立减 × 元”标签示例

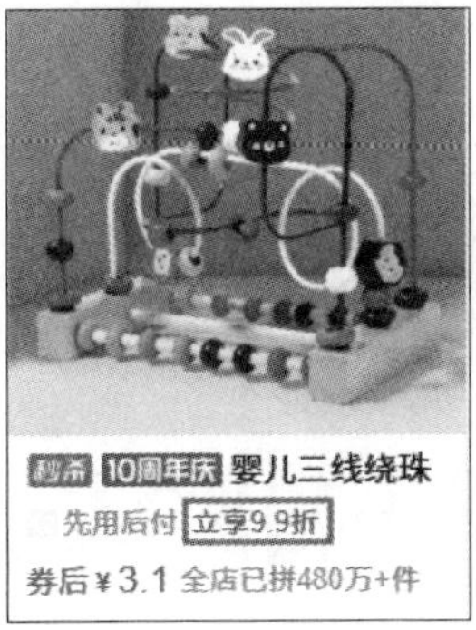

图 9-23　“立享 × 折”标签示例

9.2.5　资源位标签：增加曝光量与转化率

如今，很多电商平台都是采用“千人千面”的展示逻辑，拼多多也不例外。在这种个性化推荐机制下，为商品打上资源位标签和优惠标签，都是吸引用户下单的有效手段。商家可以积极提报平台活动来获得资源位标签，增加商品的曝光量与转化率。

常见的资源位标签有百亿补贴、品牌馆、品牌清仓、10 周年庆（图 9-24）、生活节、爱逛街、电器城、限时秒杀（图 9-25）、每日好店、现金签到、食品超市、品牌特卖等。商家可以参加相应的资源位活动来获得对应标签，并展示在搜索结果页和商品推荐页。

图 9-24　“10 周年庆”资源位标签示例

图 9-25　“限时秒杀”资源位标签示例

同一个商品可以选择的标签可能多达几十个，但不管是搜索展示页、个性化推荐页，还是商品详情页，这些页面的展示区域都是有限的，而且多个标签也是按照一定顺序来排列的。因此，商家要尽可能选择好的标签去优先展示，必要的时候可以通过数据来测试这些标签，让标签能够真正为商品带来有效的点击和转化行为，从而在同类商品中异军突起，快速成为爆款。

第 10 章

提升排名，打造爆款更安全、不降权

学前提示

拼多多 SEO 是每个商家都必须掌握的技能，目的是让更多的人知道或者看到自己的店铺和商品。本章主要介绍拼多多平台上的 SEO 优化和店铺服务指标优化的相关技巧，帮助商家提高店铺和商品的搜索排名，提升店铺的转化率和知名度。

要点展示

- **搜索优化：**提升商品曝光量和排名
- **指标优化：**提升商品搜索权重排名

10.1 搜索优化：提升商品曝光量和排名

搜索推广是每个拼多多商家必须掌握的技能，目的是让更多的人知道或者看到自己店铺中的商品。本节主要介绍拼多多的商品排名规则、搜索排名原理、类目排名原理、优质关键词的布局技巧、产品权重和店铺权重提升方法、搜索排名优化技巧等内容，帮助商家在拼多多平台上快速打造爆款、提升口碑、引爆流量以及做成品牌，让 SEO 的效果落到实处。

10.1.1 排名规则：了解自然排序方式

拼多多的自然排名规则主要包括综合、好评、销量、价格和品牌等排序方式，下面分别进行介绍。

1. 综合排序

综合排序主要是根据商家的商品在一段时间内产生的销量、价格、质量、售后和商品评分等条件，进行综合评分来排名并更新的。例如，在搜索“女鞋夏”关键词后，点击“综合”按钮，在弹出的列表框中选择“综合排序”选项，即可采用综合排序方式排列所有商品，如图 10-1 所示。

商家可以通过提高商品质量分，或者利用推广工具提升商品的基础数据，来提升综合排序的自然搜索排名。

2. 好评排序

好评排序主要是根据商品近 3 个月的 DSR 平均值由高到低来进行排序，并采用“千人千面”的展示逻辑，如图 10-2 所示。

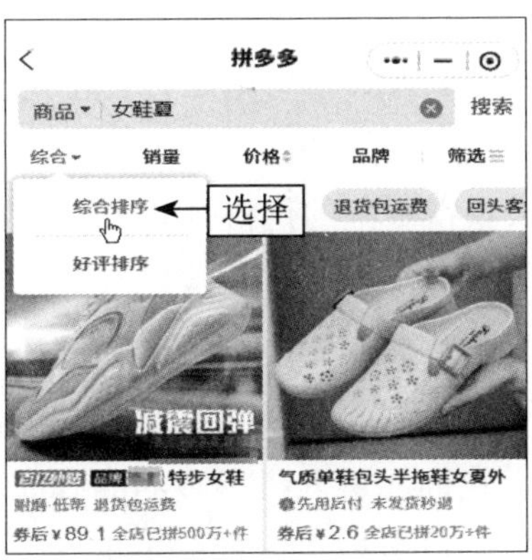

图 10-1　综合排序示例

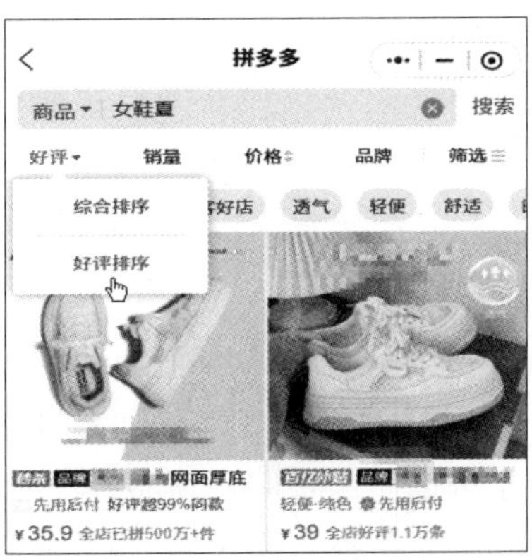

图 10-2　好评排序示例

提升商品好评排序的核心在于提高近 3 个月的 DSR 平均值，具体做法如下。

（1）产品本身质量过硬： 严把质量关，描述与实物保持一致，减少因“货不对板”带来的差评。

（2）服务体验升级： 48 小时内发货，售后问题 30 分钟内响应，“退货包运费”“先用后付”服务标签全部打开，降低用户不满的概率。

（3）好评激励合规做： 包裹内放售后卡，引导用户给出五星好评及文字＋图评价；注意平台规则，不得出现“好评”字样，可用“晒图领红包”代替。

（4）差评急救： 出现中差评立刻私信补偿（小额红包、补发、优惠券），争取用户改评；对恶意差评可在后台进行申诉，并上传聊天记录和质检报告等证据。

（5）持续动销： 日销保持稳定，系统抓取 DSR 时只统计已确认收货的订单，利用短信提醒用户及时确认收货并评价，提升有效样本量。

3. 销量排序

销量排序主要根据商品近 30 天的销量数据进行排名，并采用“千人千面”的展示逻辑。采用销量排序模式时，排名靠前的商品基本都是销量 10 万＋的商品。

不过，细心的商家可能会发现，很多商品销量明明比较小，但却能够排在前面，如图 10-3 所示。这是因为销量排序依据的是商品近 30 天的销量，而搜索结果页面展现的是商品的所有销量，所以只要做好近期的销量，即可获得不错的搜索排名。

4. 价格排序

价格排序主要根据商品价格从高到低或者从低到高来进行排序，并采用“千人千面”的展示逻辑，如图 10-4 所示。商家可以通过提高商品质量分，或者利用推广、活动等方式提升商品权重，来获得更好的价格排名。

5. 品牌排序

品牌排序主要针对品牌商品来进行综合排序，包括有授权的旗舰店、专卖店和专营店商品，同时搜索结果采用“千人千面”的展示逻辑，如图 10-5 所示。商家可以通过获取正规品牌商品授权，让商品进入拼多多的品牌库，并且提高商品的点击量、转化率、基础销量、评分以及商品质量分等指标，来获得较高的排名。

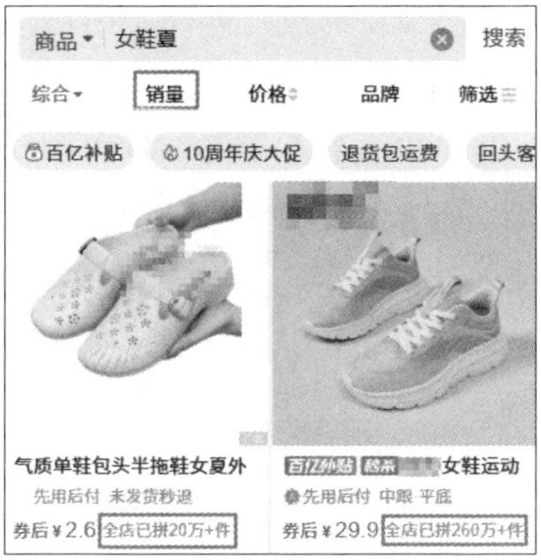

图 10-3　销量排序示例

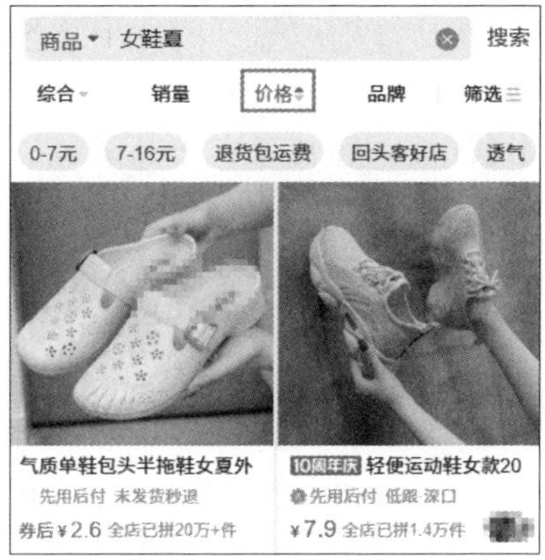

图 10-4　价格排序示例

6. 筛选排序

筛选排序主要依据用户选择的各个维度关键词（如图 10-6 所示），并通过一定的推荐算法对商品进行排序。因此，商家在设置商品属性时，必须正确填写款式、材质、风格和适用年龄等选项，完善各项商品信息，提高商品质量分，来提升商品的筛选排名。

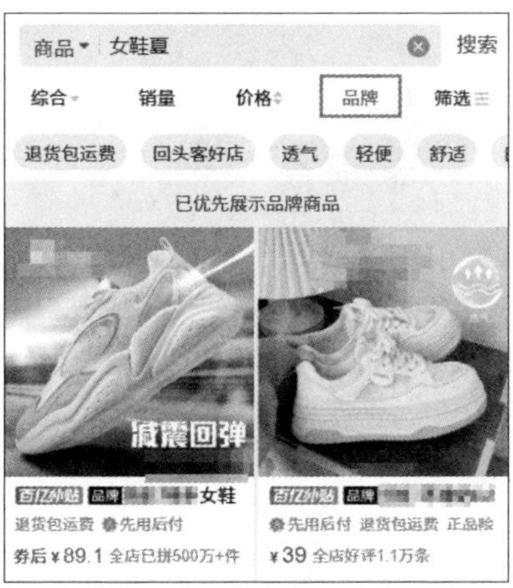

图 10-5　品牌排序示例

图 10-6　筛选菜单

10.1.2　原理解析：搜索排名影响因素

搜索流量主要来自拼多多 App 的搜索入口，自然搜索流量是免费的流量，而且它引来的流量非常精准，能够有效提高店铺的转化率。例如，你在没有做任何宣传广告的情况下，某用户在拼多多上搜索“高跟鞋”时，在搜索结果中找到并点击了你的店铺商品，这就是免费的自然搜索流量，如图 10-7 所示。

搜索排名受到诸多因素的影响，具体包括商品标题、上架时间、点击率、关键词适配度、转化率、产品类目、销量、客单价、售后服务、DSR 评分和商品评价等，而这些因素对搜索排名的影响作用有大有小，同时搜索结果还会遵循“千人千面”的展示逻辑。对于新店铺或者新品来说，这些基础数据几乎都为零，此时可以针对曝光、访客和销量这 3 个最基础的指标来努力，让商品获得更好的搜索排名。

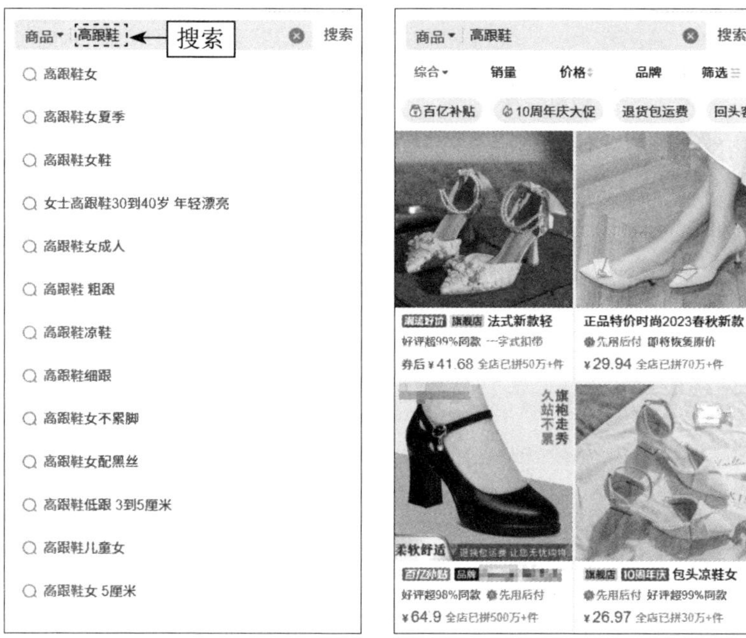

图 10-7　搜索流量示例

10.1.3　类目排名：解析类目流量原理

类目流量是指通过拼多多首页顶部和搜索页下方的类目入口点击进入店铺的流量。例如，某用户在拼多多的类目列表中选择“食品→休闲零食”品类，如图 10-8 所示，然后用户在“豆干辣条”的类目搜索结果中点击进入一家没有做付费宣传的店铺，这就是免费的类目流量。

图 10-9 所示为类目流量的主要特征。目前，拼多多平台的类目流量主要依据“人群基数＋排位”。人群基数包括相关性原则、相似性原则、同子类目和同兴趣点等人群标签；排位维度则包括坑产、转化率和点击率。

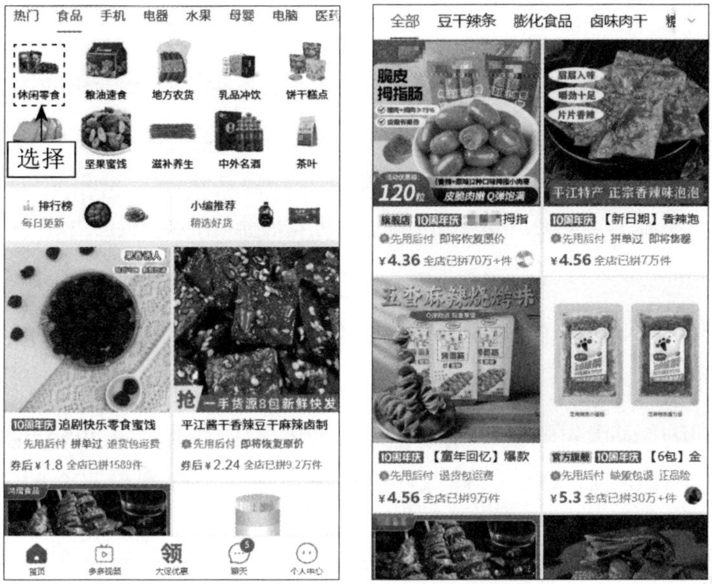

图 10-8　通过类目查找商品

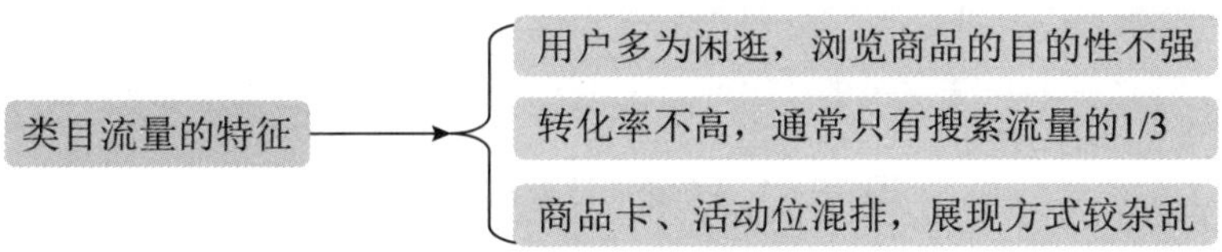

图 10-9　类目流量的主要特征

专家提醒

坑产是指坑位产出，其计算公式为“成交笔数 × 客单价”，坑产权重排序为：1 天坑产 > 3 天坑产 > 最近 × 小时坑产 > 9 天坑产 > 30 天坑产。商家可以通过设置套餐搭配、多买多优惠，以及在 SKU 中设置几个同类目下的高价格产品等方式，来提升客单价。

10.1.4　匹配逻辑：优化关键词的权重

扫码
看教学

关键词是英文“keywords”的翻译，指的是用户在搜索时键入，能够表达用户个体需求的词汇。关键词在拼多多平台上起到用户索引、匹配商品的作用。拼多多平台通过搜索识别商品标题中的关键词，将商品标题拆分成词根，进行检索匹配。图 10-10 所示为拼多多关键词的排序规则。

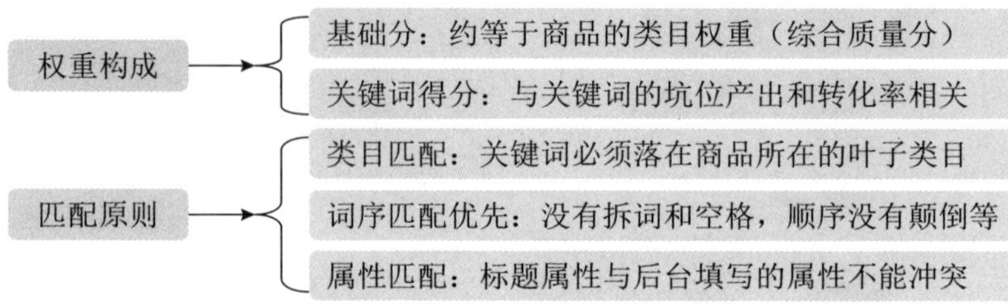

图 10-10　拼多多关键词的排序规则

拼多多关键词匹配的 4 大逻辑如图 10-11 所示。商家在设置标题关键词时，注意采用热词优先的基本原则，即根据后台的数据，先布局热搜词和热搜词的下拉词来做标题。同时，商家在做标题时还需要注意设置合理的词序。

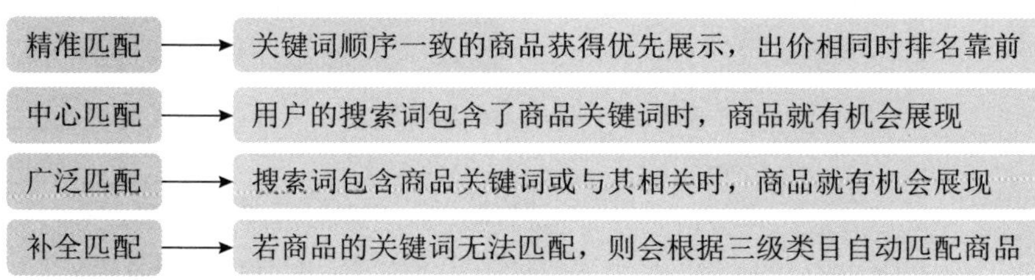

图 10-11　关键词匹配的 4 大逻辑

用户在拼多多搜索某个商品关键词后，对于众多的商品，系统有一个搜索排名规则，搜索排名越靠前，在展现页面的位置也会相对靠前。其中，搜索排名就是靠关键词权重来衡量的。自然搜索流量可以为店铺带来最精准的访客，转化率和销量自然也会更高。优化关键词权重的要点如图 10-12 所示。

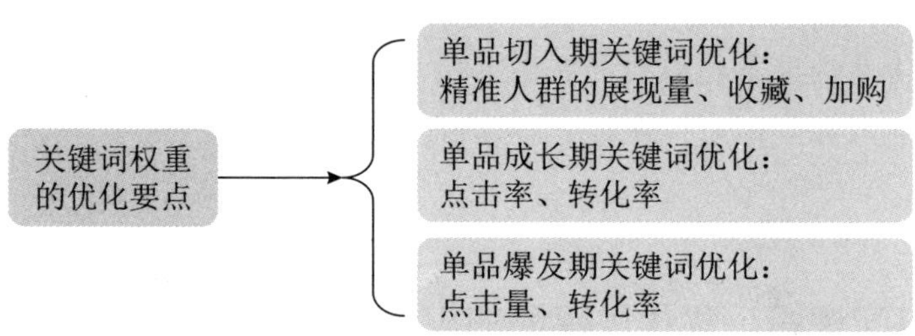

图 10-12　关键词权重的优化要点

在拼多多平台上，商品标题不仅是用户第一眼看到的信息，更是搜索引擎判断商品相关性的核心依据。一个优秀的标题，必须兼顾关键词密度、词序逻辑、属性完整性和用户搜索习惯。然而，许多商家仍依赖“堆砌热门词”或

"复制竞品标题"的方式，导致标题冗长、重点不突出、转化率低。

借助 AI，可以快速分析目标人群的真实搜索词，并根据拼多多的关键词匹配逻辑和权重构成规则，生成符合平台算法且具备高点击潜力的标题结构。

例如，"不锈钢电水壶烧水壶"这个商品标题过于简单，仅体现材质和功能，缺少用户关心的"加热速度""安全性""适用人群"等关键信息。商家可以用 AI 帮助补充功能词，并合理排序，提高商品标题在长尾词中的匹配概率。以 DeepSeek 为例，相关案例如下。

提示词

我卖的一款"电热水壶"，参数为：1500W 功率、1.7L 容量、304 不锈钢、自动断电、防干烧。用户常搜"烧水快的电水壶""安全电热水壶""办公室用烧水壶"。请帮我优化商品标题，要求如下：

①包含核心词：电热水壶、烧水壶、不锈钢；

②突出卖点：3 分钟速热、自动断电、防干烧；

③加入场景：家用、办公、宿舍；

④标题长度控制在 58 字以内；

⑤关键词顺序遵循"主词→属性→功能→场景"逻辑。

DeepSeek

【电热水壶烧水壶不锈钢】3 分钟速热大容量 1.7L 自动断电防干烧 家用办公宿舍两用快壶

优化说明：

严格遵循逻辑结构：标题按"主词（电热水壶 / 烧水壶）→属性（不锈钢 / 1.7L）→功能（3 分钟速热 / 自动断电 / 防干烧）→场景（家用 / 办公 / 宿舍）"顺序展开，符合搜索认知路径。

核心卖点前置：将用户最关心的"3 分钟速热"紧接主词后，配合"自动断电防干烧"形成安全＋高效的组合卖点。

场景全覆盖：同步覆盖家用、办公、宿舍三大高频使用场景，其中"办公宿舍两用"可精准匹配轻量需求人群。

……

专家提醒

该案例中的提示词强调“关键词优先级排序”，引导 AI 按照“主词+属性+功能+场景”的结构组织商品标题，符合拼多多“词序匹配优先”的原则。

10.1.5 提升权重：获取流量能力更强

权重是一个相对概念，是针对某一指标而言的，如拼多多权重就是平台根据商品表现给出的一个估值，可以用于评估商品获取流量和排名的能力。下面重点介绍提升商品权重和店铺权重的相关技巧。

1. 提升商品权重

拼多多平台上商品的常见流量来源主要包括自然搜索、类目、商品推广、活动和推送等 5 个方面。这也是影响商品权重的主要因素，具体分析如表 10-1 所示。

表 10-1　影响商品权重的主要因素

因素名称	权重独立性	影响因素	提升技巧
自然搜索	强	影响最大：标题和属性与关键词的匹配度； 影响其次：对应关键词累积的 GMV； 其他因素：评分、回购率、跳失率、退款率、非搜索 GMV	优化标题，完善商品属性，积累更多的关键词 GMV
类目	弱	商品全维度 GMV	通过活动推广、美工设计等方法提升 GMV
商品推广	强	关键词质量分	商品推广计划采用多创意图策略，前期选择长尾词，提高关键词与标题 / 属性的匹配度，找到精准的投放时间段
活动	强	UV 价值	提高商品在活动中的单位曝光率和营业额
推送	中	UV 价值	提升点击率和转化率

2. 提升店铺权重

店铺权重包括开店状况、服务指标、销售额、销量、店铺动销率、店铺转化率以及相关性等因素。商家必须了解和掌握这些影响店铺权重的因素，不断地调整店铺基本设置和推广方案，来提升店铺的销量。

（1）开店状况： 包括开店的时间，商品的分类、数量和销售情况，以及违规扣分情况等因素。

（2）服务指标： 包括店铺资质、DSR、客服服务、售后服务、发货速度、评价以及买家秀等因素。

（3）销售额、销量： 店铺商品有没有人购买，有多少成交，不仅影响店铺的销量权重，也反映商品的潜力。

（4）店铺动销率： 动销率＝有销量的商品 ÷ 在线销售的商品。例如，店铺上架了 100 款商品，但只有不到 10 款商品有销量，其他的商品都没有销量，则这个店铺的动销率非常低。

（5）店铺转化率： 最能提升搜索权重的转化率就是搜索转化率。通过搜索关键词进入店铺达成交易的比率越高，权重就会越大，排名一般也会靠前一些。

（6）相关性： 相关性筛选，是指不相关的商品会被系统直接屏蔽。例如，用户搜索的是"单肩包"，商家如果是做牛仔裤的，就会被直接屏蔽。商家想要让商品在搜索环节脱颖而出，可以从以下几个维度提升相关性，确保商品与用户需求高度匹配。

- 店铺相关性：主营占比。
- 类目相关性：将产品发布到相关类目。
- 标题相关性：标题里面的词的相关性。
- 图片相关性：主图、活动图的相关性。
- 属性相关性：属性填全且精准。
- 关键词相关性：关键词的关键属性与类目属性、商品标题有相关性。

商家可以优化店铺标题和关键词的匹配程度，并提升店铺的销量和 DSR 等维度，从而提升店铺权重。

10.1.6 提升排名：搜索优化关键指标

当用户搜索一个关键词的时候，拼多多的搜索机制就会在后台筛选相关的商品，最终选择 SEO 做得好的商品展示在前面。如果商家在发布商品时，类目属性放错了，或者商品的标题不够准确，抑或是店铺的相关性不够高，则商品就会被搜索引擎筛选掉，这是拼多多 SEO"精准性小而美"的体现，也是所有商家需要注意的地方。搜索优化的关键指标如图 10-13 所示。

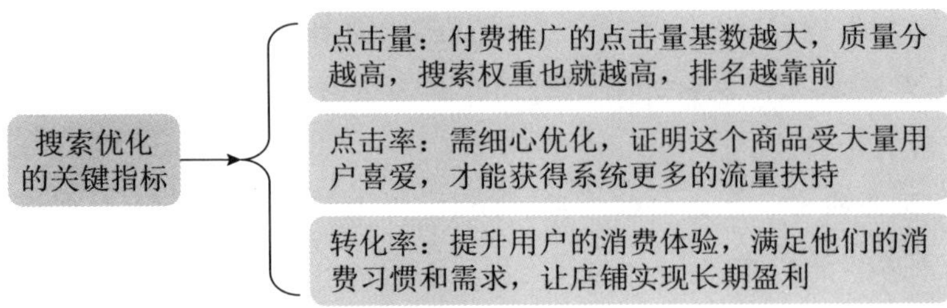

图 10-13　搜索优化的关键指标

同时，搜索引擎会计算出商品的综合分数，综合分数越高，在综合排序中排在前面的时间就越长。最后，拼多多平台会按照所有商品各自获得的综合分数来排序，将其一个个排列在搜索结果页面中，等待用户选择和点击。

10.2 指标优化：提升商品搜索权重排名

品质退款、退款纠纷、物流服务、用户投诉、客服回复率、询单转化率以及平台介入率等店铺服务指标，对于提升商品的搜索权重排名和打造爆款有很大的影响，决定了商家的店铺能达到的高度。因此，商家需要重点关注这些指标，对于不达标的指标要及时优化，以免影响商品权重，造成排名降低的不良后果。

10.2.1　品质退款：影响流量的重大店铺指标

品质退款是指用户因收到的商品存在质量问题而发起的退款。也就是说，用户对商品质量不满意，在申请退款时选择的原因为“质量问题”，如图 10-14 所示。

品质退款涉及一个指标，那就是品质退款率，指的就是店铺近 30 天的品质退款订单数。在拼多多商家后台进入“数据中心→服务数据→售后数据”页面，即可查看品质退款率等数据，如图 10-15 所示。

品质退款率低，表明商品质量过硬，用户认可度高。这不仅减少了售后纠纷，还向平台证明了商品的高品质，使平台更倾向于在搜索结果中优先展示该商品，从而提升商品搜索权重排名。

品质退款率指标非常重要，如果持续超过类目均值的 3 倍，则商品将受到一些推广限制，如下架资源位、禁止上资源位等；如果持续超过类目均值的 5 倍，则商品还会受到降权限制。

图 10-14　用户选择因“质量问题”发起的退款示例

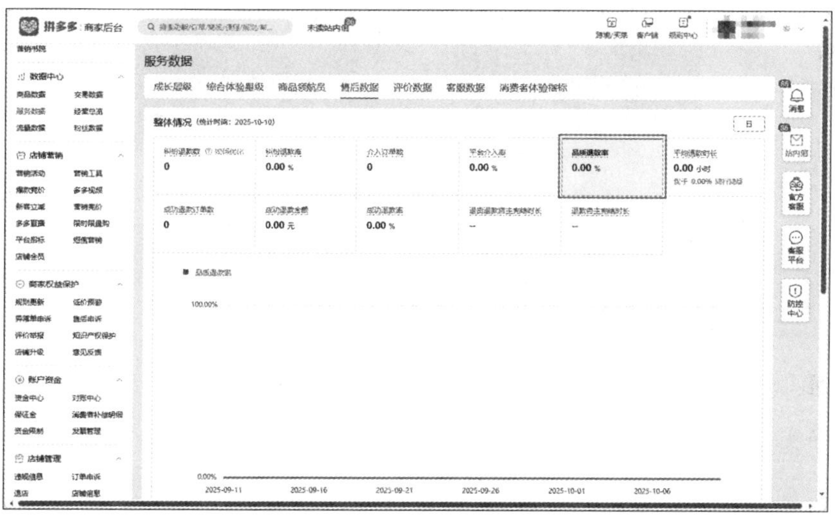

图 10-15　查看品质退款率

因此，对于品质不良的问题商品，商家一定要及时下架并整改。同时，也要加强商品的质量检查工作，做到严控品质，并且如实描述商品，杜绝质量问题。

10.2.2　退款纠纷：减少纠纷，打造爆款利器

售后指标对店铺的搜索权重也有一定的影响，因此商家需要完善店铺的售后服务，避免产生退款纠纷。例如，在各种平台大促活动过后，很多商家都会遇到售后退款高峰问题，此时商家也可以借助售后小助手这个功能，高效地自动处理售后退款任务，如图 10-16 所示。这样，商家就不用在售后环节再去额

外调配员工，也不用担心 DSR 评分受到影响。

同时，商家可以在拼多多商家后台进入“售后管理→售后工作台→售后设置”页面，设置售后联系方式和退货地址。例如，商家添加售后联系方式后，用户在订单页拨打此电话即可快速联系商家。如果确实是商家的问题，可以通过小额打款功能来适当补偿用户。

小额打款主要是为了方便商家给用户退运费、补差价等一些小金额的转账操作，可以有效减少店铺的售后纠纷，提升店铺服务质量和商品销量，如图 10-17 所示。商家可以在后台查询相应订单号，并发起打款，填写打款的类型、金额、原因以及给用户的留言，一般打款成功之后会即时到账。

图 10-16　售后小助手功能

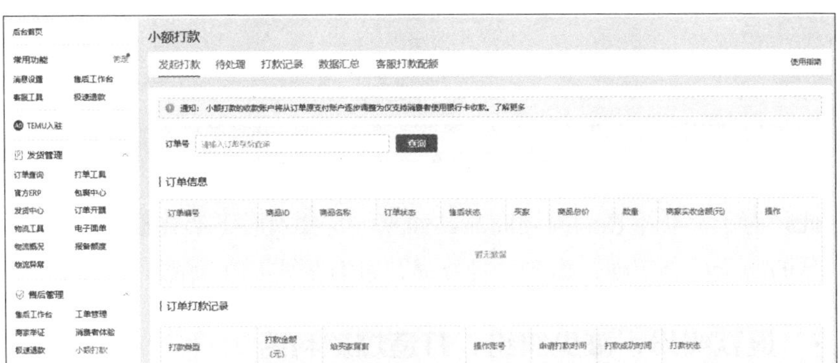

图 10-17　小额打款功能

另外，运费也是拼多多售后处理中常见的问题，由运费产生的争议非常多。拼多多推出的退货包运费服务，就是为了减少关于退货运费的纠纷。开通该服务后还可以增加店铺搜索权重，如图 10-18 所示。

图 10-18　退货包运费服务

最后，极速退款也是拼多多平台为提升用户体验而推出的售后服务，主要针对非虚拟类目、订单金额小于 300 元的商品，用户在订单确认 6 小时内申请退款，且商家还未发货，此时即可执行极速退款操作。

总之，退款纠纷率低，意味着商家在处理退款问题时高效且合理，能够减少用户的不满和投诉。这有助于提升店铺的整体信誉和服务形象，进而使平台认为该店铺的运营较为规范，从而在搜索结果中给予更高的权重排名。

10.2.3　物流服务：提供更加优质的购物体验

优质的物流服务，如快速的发货速度、高效的物流配送和准确的物流信息，可以提高用户的购物体验，减少因物流问题导致的差评和退款。这会让平台认为该商家能够提供可靠的购物服务，进而提升商品的搜索权重排名。

物流服务指标由两部分内容组成，包括近 30 天物流服务异常率和近 30 天物流服务异常订单数。如果这两个指标都高于 5 倍类目均值，则会达到处罚线，导致全店商品降权和店铺处于二级惩罚的状态。

商家可以在拼多多商家后台进入“发货管理→物流概况”页面，查看店铺最近 30 天的物流概况数据和指标，包括成交到发货、成交到揽件、成交到签收、发货到签收、揽件到签收、物流投诉率、物流详情完整度和发货单量等数据，以及快递公司、发货到签收（时）、揽收到签收（时）、物流投诉率和物流 DSR 等指标数据，如图 10-19 所示。

如果商家因为物流服务问题受到处罚，此时可以通过对店铺进行整改，让相关指标降下来，即可解除限制。其实，只要店铺的物流服务异常订单数指标下降，物流服务异常率自然就会下降。

图 10-19 “物流概况”页面

物流服务异常订单主要包括以下几类，商家需要有针对性地加以改进。

（1）虚假发货订单：对于虚假发货订单和物流时效异常的订单，商家一定要仔细阅读平台的虚假发货规则，按照规则要求发货，并且及时关注物流情况。

（2）物流时效异常订单：优化发货流程，选择服务优质的物流合作伙伴。

（3）DSR 评分仅为 1 的订单：也就是用户确认收货后，在评价时仅给综合评分打了 1 星，这通常是因为他们对快递服务不满。虽然商家无法控制快递公司的服务，但是可以选择换一家服务好的快递公司合作。另外，商家也可以通过短信营销功能，在开始派件或者签收时，给用户发送相关短信，如“感谢您在本店购买产品，您有任何问题都可以在第一时间联系本店客服”“望给予五星好评，衷心感谢您的大力支持”，从而减少顾客的差评。

（4）物流投诉订单：对于物流投诉订单的情况，只有发货满 24 小时后发生的有效投诉，系统才会认为是物流服务异常订单，即使是多次投诉也不会重复记录。但是，一旦产生物流投诉，商家是无法撤诉的。通常用户在遇到物流问题时都会联系商家，因此商家一定要注意消息回复的速度，也可以设置机器人回复。机器人回复与人工回复等同，不仅可以帮助客服自动完成迎宾和导购的工作，同时还能够快速为用户答疑，有利于提高店铺的服务质量。

（5）售后退款与物流相关订单：针对售后退款原因与物流相关订单的情况，商家需要与物流公司、用户都保持良好的沟通，及时回复用户问题，了解他们的需求，灵活地处理并解决好用户遇到的问题。其实，只要商家积极、得当地处理物流问题，都有可能将投诉订单转化为好评。

10.2.4　用户投诉：提高买家的咨询消费体验

用户投诉率低，表明商家在各个方面都能够满足用户的需求，包括产品质量、服务态度和售后保障等。这有助于树立良好的店铺口碑，平台也会认为该商家的商品和服务更值得推荐，从而提升商品搜索权重排名。

对于用户投诉的相关数据，商家可以在拼多多商家后台进入“多多客服→客服数据→客服绩效数据”页面，在下方的“基础数据”列表中查看，如图 10-20 所示。

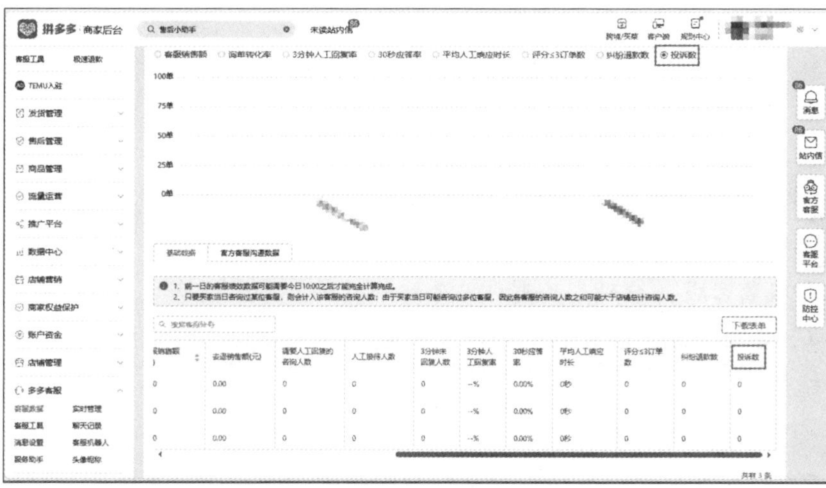

图 10-20　查看用户投诉的相关数据

商家可以利用“分流设置”工具来对店铺的售前客服和售后客服的任务进行分工，从而提高用户的购物体验，实现店铺转化率的提升。商家可以在拼多多商家后台进入“多多客服→客服工具→分流设置”页面，单击“开启分流”按钮，如图 10-21 所示，使用默认的按来访页面分流方式。

拼多多提供了多种客服分流方式，可以帮助商家高效管理客服工作，提升用户体验。下面是不同分流设置的具体作用。

（1）按来访页面分流：根据用户进入客服页面的来源进行分流，适用于不同页面需求差异大的情况，如店铺首页、商品详情页、订单详情页等。例如，从店铺首页进入的用户被优先分配给负责该页面的客服。

（2）按订单状态分流：根据订单的不同状态（如售前客服、售后客服等）进行分流，有助于客服快速定位问题，提高处理效率。例如，退款订单可以直接分配给售后客服。

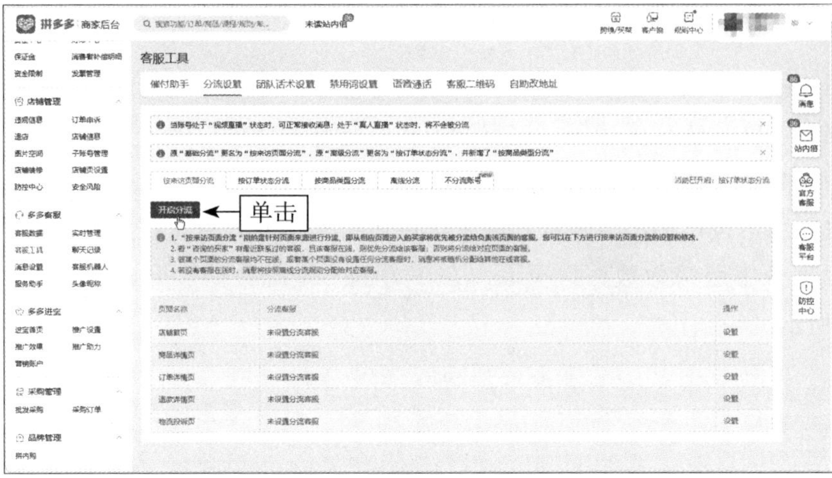

图 10-21　单击“开启分流”按钮

（3）按商品类型分流： 根据商品的类别进行分流，可以提升客服专业度，让更了解特定商品的客服处理相关用户咨询，提高解答质量。例如，服装类订单分配给服装客服，数码产品类订单分配给数码产品客服。

（4）离线分流： 当客服不在线时，系统会根据预设规则将消息分配给该离线分流账号，确保商家不会遗漏重要信息，同时保障用户在任何时间都能得到及时响应，提升服务体验。

（5）不分流账号： 消息不分流到指定账号，而是按照系统默认规则分配给在线客服，适用于客服团队较小或特殊情况，保持消息分配灵活性。

10.2.5　客服回复率：要重视客服回复的速度

很多时候，商家因为售前客服没有及时回复用户咨询，而错过了销售机会；又或者因为售后客服没有及时处理用户的问题，而产生了差评和投诉，进而对商品搜索权重产生不良影响。

提高客服回复率，能够及时解决用户的问题，提高用户的满意度。这不仅有助于减少潜在的负面评价和纠纷，还能让用户感受到商家的重视和关怀，进而增强用户对店铺的好感。同时，平台也会认为该商家更加注重客户服务，从而提升商品的搜索权重排名。

下面介绍一些提升客服回复率的技巧。

（1）设置消息提示。 进入拼多多工作台（PC 端）的“设置”界面，在“通知”选项卡中，选中“消息提示音”复选框与“桌面右下角浮窗提醒”复选框，即可开启客服网页的声音提示，如图 10-22 所示。

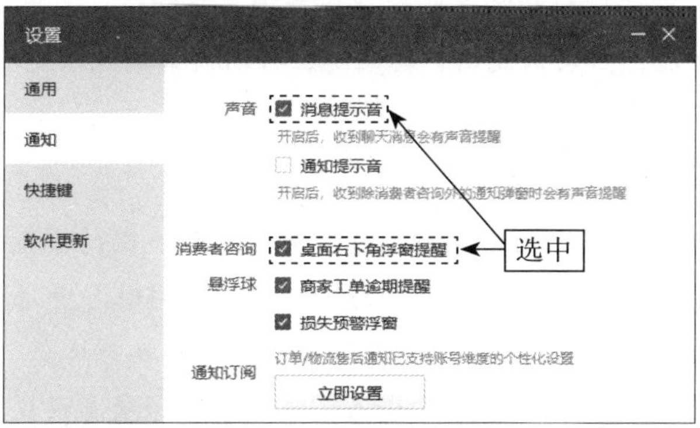

图 10-22　设置消息提示

（2）关注回复率警示提醒。当店铺回复率和个人回复率指标处于 50%～90% 之间时，拼多多工作台上方会出现橙色的警示提醒；将鼠标指针移至上方，可以看到“低于行业平均水平”的提醒以及回复率进一步降低将出现的后果。

（3）关注未回复时间提醒。在拼多多工作台的客服接待窗口中，会显示未回复咨询用户的具体时长。商家可以优先选择超时时间久的用户进行回复。

（4）设置商家客服答疑功能。客服每天都在忙着回复用户的消息，有时候一些同样的问题会被重复问很多次。其实，商家完全可以利用“卖家客服答疑”工具自动抓取用户和客服聊天记录中的常见问题，并筛选出其中的高频问题，然后编辑对应的回答，将其展现到商品详情页中的商品评价下方。这样做不仅可以减少客服咨询量，提高效率，而且还有利于提升转化率，如图 10-23 所示。

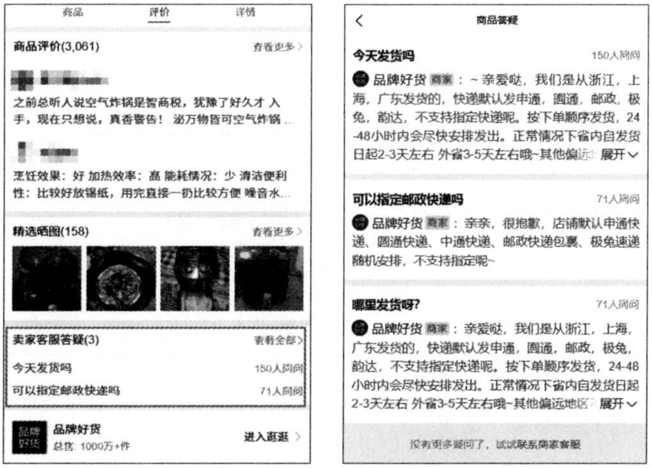

图 10-23　商品详情页中的“卖家客服答疑”区示例

（5）利用客服工具。商家可以在拼多多商家后台进入“多多客服→消息设置”页面，设置开场白和常见问题、商品卡片自动回复、离线自动回复、订单自动回复等功能，自动回复用户的问题，帮助商家提升回复率。

专家提醒

开场白和常见问题功能有利于提升相应店铺页面的曝光率，不仅可以减少客服的工作量，还能提升用户的购物体验。同时，开场白和常见问题的回复也会计入真人有效回复数，能够提高店铺的服务质量。

商家可以在拼多多商家后台进入“多多客服→消息设置→开场白和常见问题”页面，添加相应的开场白文案和常见问题（包括回复内容），如图10-24所示，设置完成后单击“保存并发布”按钮即可。

用户打开客服聊天窗口后，即可看到商家设置的开场白和常见问题，选择相应问题后即可获取对应的回复内容。

图 10-24　添加相应的开场白文案和常见问题

10.2.6　询单转化率：轻松让客服的业绩翻倍

店铺业绩通常主要由静默销售和咨询销售两部分组成，如图10-25所示。询单转化就是指用户通过咨询本店客服，由店铺客服促成该订单，形成的销售转化。

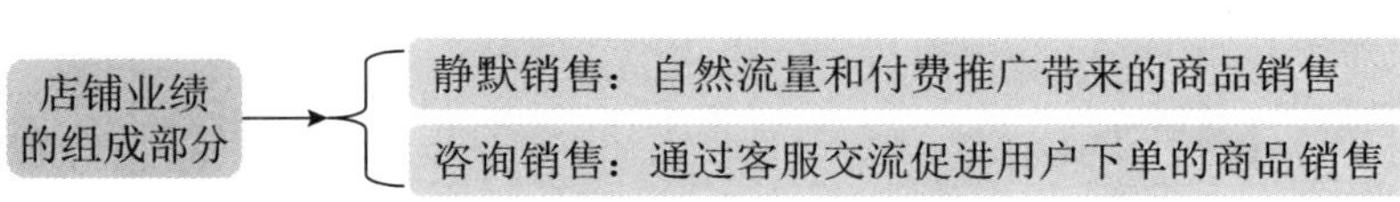

图 10-25　店铺业绩的组成部分

询单转化率则是指进入店铺咨询并下单的人数占进入店铺咨询总人数的百分比，即“询单转化率＝咨询下单人数 ÷ 咨询总人数”。客服可以通过给用户带来良好的聊天体验，来提高他们下单的概率，具体包括如图 10-26 所示的几个方面。

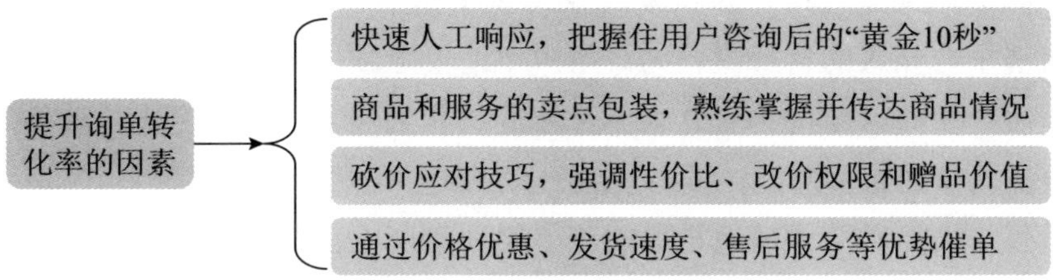

图 10-26　提升询单转化率的因素

提升询单转化率有助于降低用户的流失，主动咨询和进店的用户基本都是有购物需求，对商家的商品有兴趣、想了解的人。商家可以通过客服主动拉拢这些人群，比通过其他渠道或方法去引流的效果更好，而且转化率更高。

10.2.7　平台介入率：后果很严重的一个指标

平台介入率低，说明商家能够自主解决大部分的交易纠纷，对平台资源的占用较少。这表明商家具备较强的纠纷处理能力和良好的服务意识，平台会认为该商家的运营较为稳定可靠，从而提升商品的搜索权重排名。

当平台收到用户申请介入后，会给商家发送一个工单。工单数据可以在拼多多商家后台进入“售后管理→工单管理”页面查看，如图 10-27 所示，在此可以查询相应时间段内的工单状态。

图 10-27　“工单管理”页面

商家工单通常包括物流异常、空包裹、漏件等类型。若商家收到工单后，可以在查询结果列表的操作区中单击“立即处理”按钮，进入“工单详情”页面，回复工单处理反馈信息以及上传图片；也可以在售后单中上传多张图片进行举证。

当商家遇到无理用户多次发起仅退款申请后，此时也可以申请平台介入。商家申请平台介入的售后流程为：用户申请仅退款→商家多次驳回仅退款（通常为 3 次）→商家申请平台介入。平台专员收到商家的平台介入申请后，会向用户核实具体的事件原因，同时也会形成工单。

另外，如果用户申请退货退款，但用户和商家协商不一致，商家驳回了用户的退货退款要求，此时用户可以申请平台介入。在这种情况下，如果只是一些小意见不一致，建议商家还是直接同意用户的退货退款要求，不然平台同样会要求商家退货退款。如果是由用户自身原因造成的损失，则平台会驳回用户的退货退款要求。

第 11 章

爆单策略，轻松实现店铺销售额翻倍

学前提示

爆款不仅可以给店铺带来巨大的流量，还可以提升店铺的整体销量，帮助商家赚到更多的钱。当然，要打造爆款并不容易，需要商家整合所有的资源来集中打造。本章主要分享一些成功打造拼多多爆款的方法，为商家带来可以复制的“爆单”策略，轻松实现店铺的销售额翻倍。

要点展示

- **基本流程：** 4 步快速打造拼多多爆款
- **快速破零：** 5 招提升新品的基础销量
- **标题优化：** 写出有吸引力的爆款标题
- **数据分析：** 帮你看懂爆款的数据特征
- **优惠券：** 促进用户下单、提升转化率
- **多件优惠价：** 打造多个爆款，提升 GMV

11.1 基本流程：4步快速打造拼多多爆款

与其他电商平台相比，拼多多虽有很多相同之处，但也有很多自己的特色。在拼多多平台上，随处可见销量达到 10 万+的爆款产品。

商家要在拼多多上面打造出爆款，首先需要做好店铺的“内功”，多花心思在产品上面下功夫，包括选款、定位和装修设计等。商家要做的，就是把好的产品信息传达给用户，解决他们的痛点，满足他们的需求，这样的产品才能成为爆款。当然，要做爆款，也有一定的方法可循，本节将介绍打造拼多多爆款的基本流程。

11.1.1 第 1 步：快速破零

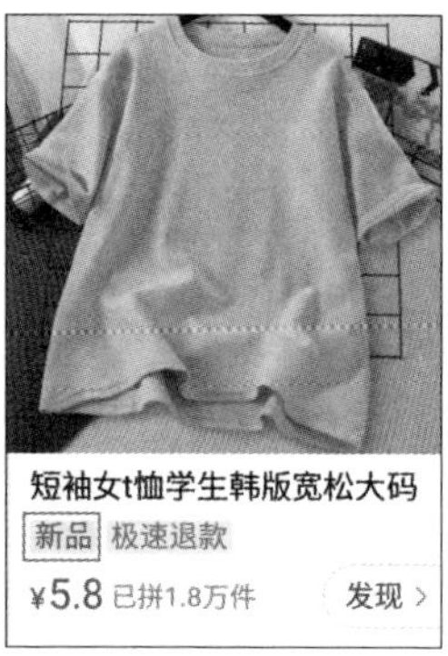

图 11-1 “新品”标签示例

商家可以通过短信、社群、自媒体等渠道将新品推荐给自己的老客户和粉丝，也可以通过店铺营销工具、关联销售以及多多进宝等方式进行推广，同时还可以尝试自然搜索推广。

新品最好在 24 小时内就有销量，同时要做好全店动销，提升店铺的综合质量得分。在获得“新品”标签（图 11-1）后，商家应马上让该新品突破零销量，以保证“新品”标签带来的流量能够转化为销量。

11.1.2 第 2 步：销量爬升

一切生意的源头都是流量，流量决定生意的好坏，决定产品的火爆与否。在分析流量之前，我们先来看一个公式。

销售额＝流量 × 转化率 × 客单价

从这个公式可以看到，流量是决定店铺销售额最主要的因素之一。虽然不是说流量越高销售额就越大，但可以肯定的是：如果没有流量，那么销售额则无从谈起。

因此，商家在这个阶段可以多报名参与一些门槛比较低的营销活动，如限时秒杀、9 块 9 特卖以及品牌清仓等，同时提报多多进宝置顶活动，让产品的基础销量能够快速获得提升。

专家提醒

一个被拼多多平台认为真正好的爆款，应该是通过产品的高性价比和好口碑产生的，这个产品是被大多数人接受的，被大多数人喜欢的，是人气非常高的产品。这样的产品，拼多多肯定也会进行重点推荐，这对店铺的综合权重很有帮助。因此，爆款的基本思路还是“产品为王，方法为辅”。

11.1.3　第 3 步：冲击爆款

要想冲击爆款，就应该具备吸引庞大流量的能力。因为流量与爆款是相辅相成的：一个产品如果能够吸引流量，那么就有成为爆款的可能性；相应地，爆款又能吸引更多的流量。这两者之间可以形成循环，从而创造巨大收益，这就是为什么引爆产品要以打造流量为目标。

因此，这个阶段商家可以多次报名参与限时秒杀等活动，同时争取更多的资源位和推广渠道来竞争流量高地，从而最大化地引爆产品销量，快速将其打造为爆款。

11.1.4　第 4 步：维稳育新

扫码
看教学

在爆款后期，商家要做的主要是以利润为导向，利用付费推广低价引流，带动店铺的商品权重提升并获取最大化的利润，同时培育更多新的爆款。

从第二阶段开始，商家就可以花钱来做推广，此时应该做好推广预算，选择合适的推广工具，尽可能让所有的花费都能够有所收获。

另外，爆款后期的竞争会越来越激烈，仅靠“价格战”难以持久。要培育新的爆款，商家必须找到差异化的竞争切入点。AI 可以帮助商家自动抓取并分析竞品的好评与差评，从中提取用户最关心的痛点、未被满足的需求，进而反向设计自己的产品卖点或服务升级方向。以 DeepSeek 为例，相关案例如下。

提示词

我正在研究一款竞品“电动剃须刀”，其用户评论中出现频率最高的词汇是“充电快”“刀头锋利”“噪声大”“容易卡须”。请帮我从这些评论中分析：

①用户最满意的功能是什么？

②最常见的负面反馈有哪些？

③我们的新品可以如何改进？

④可以提出哪些差异化宣传语？

⑤是否适合主打“静音”或“防卡须”卖点？

DeepSeek

好的，我们来基于这四个高频词汇，进行一次深入的竞品评论分析，并为您的新品策划提供全面的建议。

核心高频词汇解读

“充电快”&“刀头锋利”：属于正面评价，指向产品的核心功能和体验。

“噪声大”&“容易卡须”：属于负面评价，是用户体验中的主要痛点。

①用户最满意的功能是什么？

最满意的功能是“充电快”和“刀头锋利”所带来的综合体验——高效与便捷。

……

专家提醒

该案例中的提示词让 AI 从竞品评论中找出用户喜欢什么、讨厌什么，再据此提出改进方向和宣传卖点，相当于用 AI 做市场调研，帮助商家发现别人没做好但用户在乎的地方，找到自己的优势突破口。

11.2 快速破零：5招提升新品的基础销量

很多用户在拼多多平台上购物时，都喜欢跟风购买，这是因为他们害怕被商家坑，怕买到质量差的东西，因此他们凡是看到没有销量和评价的商品，都不会轻易下单。只有商家具备一定的基础销量或评价，这些用户才会选择性地优先购买。本节将重点介绍一些店铺内外结合的新品销量快速破零技巧。

11.2.1 社交分享：利用身边资源有效为产品破零

商家可以将商品分享到自己的微信群、朋友圈、微博或者 QQ 空间等社交平台，为新品引来第一波访客，并吸引这些访客去购买产品。图 11-2 所示为通过朋友圈分享商品海报，好友看到后可以直接扫码进入店铺详情页面下单。

图 11-2　通过朋友圈分享商品海报的示例

11.2.2　自动回复：店铺客服搭配引导新品破零

商家可以利用商品卡片自动回复功能，为新品进行咨询引流。商品卡片自动回复功能可以让用户自助咨询相应商品，让他们快速了解该商品的相关信息，同时也会计入真人有效回复数，这对提高店铺服务质量有很大的帮助。

在拼多多商家后台进入“多多客服→消息设置→商品卡片自动回复”页面，包括“自动回复文案”和“自动回复商品常见问题”两种方式，如图 11-3 所示。

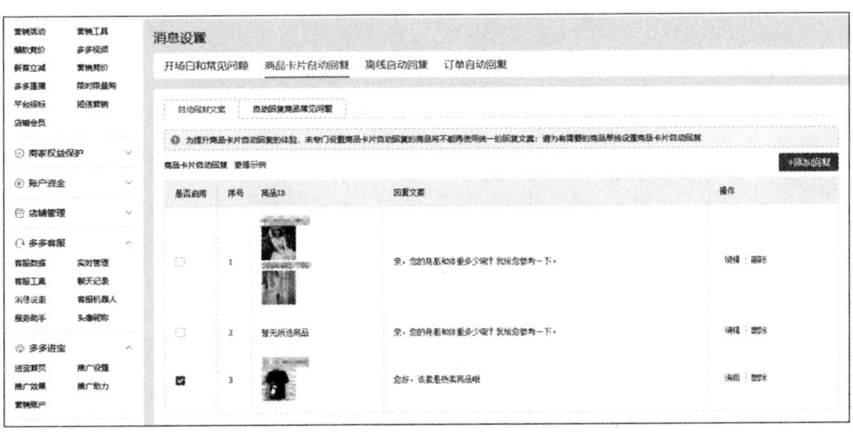

图 11-3　“商品卡片自动回复”页面

专家提醒

单击“添加回复”按钮，选中相应商品 ID 前的复选框，然后在“回复文案”文本框中输入相应的回复内容，单击“确定”按钮保存即可。一个店铺最多能设置 5 个商品卡片自动回复，不过每条回复下可以设置 50 个商品。当用户在客服聊天窗口发送商品卡片后，系统可自动回复商家所设置的内容。

11.2.3 先用后付：降低购买风险提升新品转化

先用后付是一种降低用户购买门槛的功能，用户可以先收到商品并体验后再进行付款。这种模式能够有效减少用户的购买顾虑，提高转化率。

商家可以通过以下步骤开通先用后付功能：在拼多多商家版 App 中进入“营销工具→先用后付”界面，点击“立即开启”按钮，就可以成功开通。开通后，商品进行展示时会获得相应的标签，如图 11-4 所示。

图 11-4 “先用后付”标签示例

需要注意的是，先用后付功能仅对店铺内最高价在 200 元以内且符合活动要求的商品生效。另外，预售商品也支持先用后付，用户可以先下单购买预售商品，等到收到货之后再进行付款。但商家需要确保已开通这项功能，否则将无法使用。

11.2.4 新客立减：吸引新客户助力新品快速破零

新客立减是拼多多平台为商家提供的一种营销工具，旨在为店铺或商品吸引新客户。通过为新客户提供一定力度的优惠，刺激用户快速下单，从而帮助商家获取新客流量，打造爆款，并获得专属频道流量。在拼多多商家后台进入“店铺营销→新客立减”页面，为相应商品创建首件立减活动，如图 11-5 所示。

图 11-5　“新客立减”页面

新客立减的优惠信息会在商品详情页、店铺首页等位置展示，吸引新客户的注意力，提高新品的销量和店铺的整体流量。

11.2.5　短信营销：批量触达意向客户实现新品破零

扫码
看教学

短信营销可以将新品信息推送给精准用户，同时加上优惠券的吸引，可以快速提升新品的销量。在拼多多商家后台进入“店铺营销→短信营销→模板管理”页面，单击“新建短信模板”按钮，在弹出的“新建短信模板”对话框（图 11-6）中，可以设置新品引流信息，并插入商品短链接和优惠券。

然而，许多商家在撰写短信内容时面临“不知如何开头”等问题。此时，商家可以借助 AI 快速生成符合平台规范、语言简洁有力、具备促销吸引力的短信模板。只需提供产品信息或营销目标，AI 即可输出多个备选方案，帮助商家节省时间、提高效率。以 DeepSeek 为例，相关案例如下。

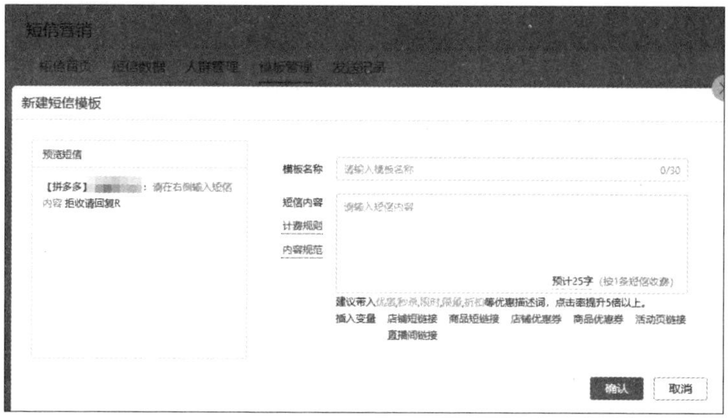

图 11-6 “新建短信模板”对话框

提示词

请帮我为拼多多店铺设计 5 条短信营销模板，要求如下：

①每条短信内容不超过 25 字；

②包含促销关键词（如“限时”“秒杀”“优惠”“满减”等）；

③有明确行动指令（如“速抢”“立即下单”“点击领取”）；

④每条短信前加一个简洁的模板名称。

DeepSeek

1. 限时秒杀

限时秒杀低至 5 折！速抢，手慢无！

2. 满减优惠

满 100 减 50，优惠多多！立即下单享折扣！

3. 新品首发

新品上架限时特价！点击领取优惠券！

……

专家提醒

该案例中的提示词结构清晰，明确任务目标与 4 大约束条件：字数限制、关键词要求、行动指令和模板命名，引导 AI 生成符合拼多多平台规范的高转化短信内容，提升营销效率与用户点击率。

11.3 标题优化：写出有吸引力的爆款标题

精准关键词的爆款标题组合模式为“核心词＋衍生词＋一级词＋二级词”，然后通过推广数据来分析我们选择的词，把展现在 2000 ～ 10000 的词进行推广，其他的词删除。同时，商家也要注意选择的精准关键词要符合商品属性，这样在后期才能带动自然搜索流量，选择 3 ～ 5 个精准关键词去推广即可。本节将从关键词的选择和组合入手，详细解析如何写出优秀的爆款标题。

11.3.1 核心词：瞬间引爆流量

核心关键词（简称核心词）是新品引流最为关键的切入口，核心词就是与这个商品属性词语相关的，每天有大量的用户搜索的关键词。

例如，我们在拼多多搜索框中输入“牛仔裤”这个关键词后，在下面的下拉框中可以看到很多包含“牛仔裤”的关键词。其中，“牛仔裤”是商品的真正名称，是用户的搜索目标，“牛仔裤”就是商品的核心词，能够很精准地描述商品到底是什么，如图 11-7 所示。

再例如，在搜索“显瘦”的时候也能出现很多关键词，但通常用户不会直接搜索“显瘦”，因为“显瘦”这个词并不能够精准地说明商品是什么，也无法定位到用户的具体需求，所以这个词不是核心词，如图 11-8 所示。

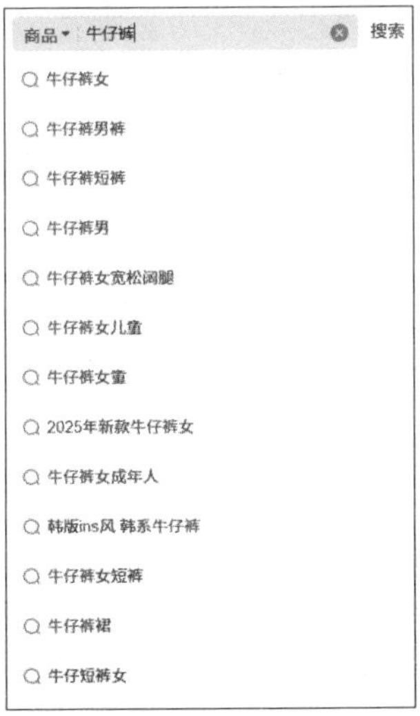

图 11-7　核心词示例

图 11-8　非核心词示例

注意，商品标题中的核心词不能设置太多，通常由 2 ～ 4 个字构成，而且具有一定规模的稳定搜索量。商家只需要把这些核心词做到拼多多的首页，即可获得源源不断的流量，同时还能为新品带来很大的成交机会。

11.3.2　衍生词：获得精准流量

衍生词是指用来修饰和补充核心词的关键词，能够筛选核心词获得的大量流量，使新品的流量更加精准，降低来自市场中的同行竞争。衍生词是根据用户的浏览习惯产生的，是系统记录的用户过去购物时用到的搜索热词。

通常情况下，用户在搜索商品时，并不会输入很精准的关键词，而是直接在搜索下拉框中选择他想要购买商品的关键词。例如，用户在搜索“女鞋”这个关键词的时候，下拉框中会出现很多衍生词，如果有符合用户需求的，他就会直接点击选择其中的衍生词来搜索商品，如图 11-9 所示。系统也会记录用户点击量非常大的衍生词，作为商品的索引，同时这些衍生词的热度也会在用户的推动下越来越高。

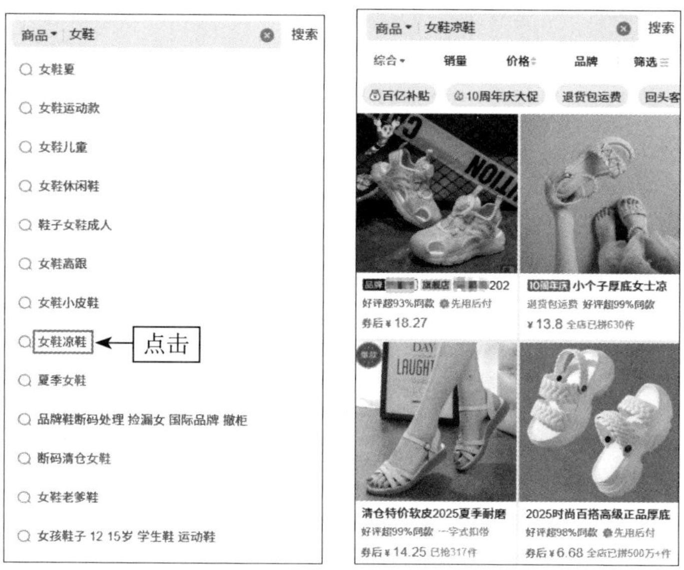

图 11-9　衍生词示例

另外，商家在发布或编辑商品时，可以单击“商品标题”右侧的“AI 生成标题”按钮，系统会根据商品属性和市场趋势智能推荐关键词组合，如图 11-10 所示。AI 生成的标题不仅精准覆盖商品核心卖点，还能通过不同词的搭配拓展流量入口。商家可以单击“立即使用”按钮，直接采用 AI 生成的标题，也可根据需求微调后使用，有效提升标题的吸引力和搜索排名。

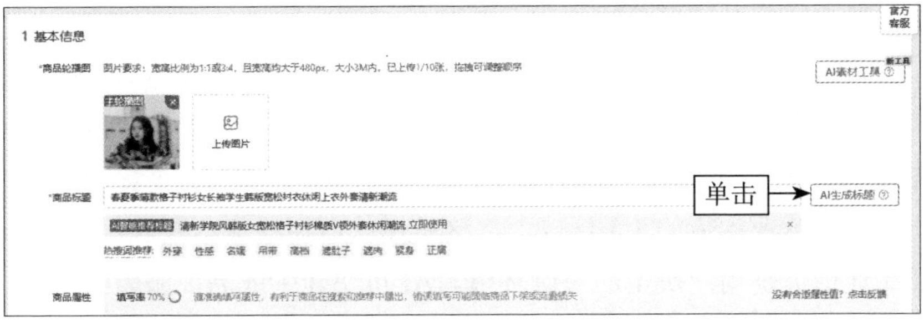

图 11-10　用 AI 生成商品标题

11.4 数据分析：帮你看懂爆款的数据特征

商家在发布新品和测款之前，首先要做的就是获得足够多的点击量等相关数据，并与爆款的数据对比。爆款的数据特征主要表现为点击率、转化率和 ROI 这 3 个指标，商家需要在测款时运用这些指标与爆款进行对比，以超越对手。

11.4.1　点击率：衡量商品的吸引程度

当用户在拼多多搜索某个商品时，如果商家的商品标题符合用户搜索时输入的关键词，则与该关键词所对应的商品都会显示在用户的搜索结果页面中，这就是关键词和商品的一次展现。将商家在一段时间内获得的展现次数进行统计，即可得到展现量数据，它可以体现商家的关键词质量分和商品的好坏。

当用户看到商家的商品标题或者主图，对你的商品感兴趣，希望进一步地了解你的商品时，可能会点击访问你的店铺或商品。将商家的店铺或商品在一段时间内获得的点击次数进行统计，即可得到点击量数据。

了解了展现量和点击量的原理后，我们还可以计算出商品的点击率（click rate）。点击率是指在搜索结果页面中商品被点击的次数百分比，可以体现你的商品对用户的吸引力，其计算公式为“点击率＝点击量 ÷ 展现量 ×100%”。例如，如果 10 个人中有一个人在搜索结果页面中点击商品标题或主图打开了某个商品，则该商品的点击率就是 10%。

11.4.2　转化率：保证利润的重要指标

扫码
看教学

转化率就是所有进入店铺并下单购买商品的用户人数，与所有点击进入店铺的总人数的比率。计算公式如下：

转化率 = 购买商品的人数 ÷ 商品所有的访客人数 ×100%

在爆款前期阶段，商品的定价和款式是决定转化率的关键因素，因此商家可以先给新品做一些基础销量和评价，并且设置的定价不超过行业均值，同时将转化率做到行业均值的 1.5 倍以上，这是爆款前期的基本要求。

商品详情页是用户决策的关键环节。AI 可快速生成高说服力的商品详情页文案，有效增强用户的信任感与购买意愿。以 DeepSeek 为例，相关案例如下。

提示词

请为“静音电热水壶”设计商品详情页卖点文案，按以下三步输出：①用户痛点；②产品功能；③使用效果。每部分一句话，语言通俗易懂。

DeepSeek

①用户痛点：烧水时轰鸣声太吵，总怕打扰家人休息。

②产品功能：内置降噪科技，烧水时音量低至 40 分贝。

③使用效果：深夜煮水也安静，宝宝安睡不被打扰。

专家提醒

该案例中的提示词采用“问题→解决方案→结果”的逻辑链，引导 AI 输出有说服力的内容框架，帮助用户快速理解商品价值，提升页面停留时长与转化率。

11.4.3 ROI：把引进来的流量转化掉

不管是拼多多，还是其他的电商平台，商家的生意都是从曝光展现开始，其路径由以下 4 个关键环节构成。

（1）曝光展现： 通过各种推广手段让商品在平台获得曝光机会，包括参加平台活动、使用付费推广工具、优化商品标题和详情页以吸引自然搜索流量。曝光量是后续环节的基础，没有曝光就难以吸引用户点击。

（2）点击： 用户因被商品的展示信息（如图片、标题、价格等）吸引，点击进入商品详情页。这一环节考验商品的吸引力，尤其是主图和标题的优化至关重要，需要精准传达商品价值，激发用户兴趣。

（3）转化（收藏）：用户在详情页深入了解商品后，完成购买行为或选择收藏商品以便后续购买。转化率反映了商品详情页的说服力和用户对商品的购买意愿，涉及商品描述、价格策略、用户评价等多方面因素。

（4）ROI：用于衡量营销推广活动的最终效果，计算公式为“总利润（产出）÷ 总投入（花费）成本 ×100%”。商家的目标是通过优化各环节，将引入的流量最大限度地转化为实际收益，提高投入产出比。

在拼多多平台上，商家需要围绕这一路径，精准定位目标用户，优化每一个环节，从而提升整体营销效果和店铺盈利能力。商家所有营销推广工作的重点，都是为了吸引精准流量，来带动整店的流量，然后把引进来的流量转化掉，达到提升 ROI 的目的。

图 11-11 所示为拼多多平台商家 ROI 的计算公式。其中，PPC（pay per click，按点击付费）是实际的单次推广点击扣费，即商家仅在用户点击广告时支付费用。从此公式可以看出，ROI 主要受到转化率、客单价和 PPC 的影响，点击量并不会直接影响 ROI，但会通过影响点击率从而对 GMV 产生影响。

$$\mathrm{ROI} = \frac{\text{产出}}{\text{花费}} = \frac{\text{点击量} \times \text{转化率} \times \text{客单价}}{\text{点击量} \times \mathrm{PPC}}$$

图 11-11　ROI 的计算公式

商家可以从以下 4 个方面来优化提升 ROI，如图 11-12 所示。

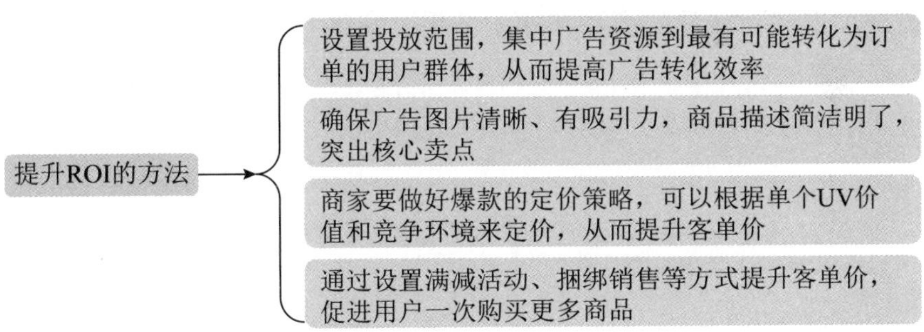

图 11-12　提升 ROI 的方法

11.5 优惠券：促进用户下单、提升转化率

优惠券是拼多多商家最常用的营销工具，能够快速提升 GMV 和销售额，是商家打造爆款的“不二法宝”。本节将介绍一些可以提高访客数、转化率、客单价的优惠券，让商家接单接不停、爆款不断。

11.5.1 商品立减券：新品破零、增加销量

商品立减券是一种无门槛优惠券，主要针对单品使用，可以帮助商家实现新品破零和增加销量等目标，同时还可以提高单品的转化率和快速冲击爆款。用户在面对同价格、同质量和评价的商品时，通常会优先选择有商品立减券的商品。

商品立减券也是一种间接、灵活的价格调整策略，能够帮助商家有效打败竞品和打造爆款。例如，下面这个水果产品设置了20元的无门槛商品立减券，迅速地累积起商品的基础销量，如图11-13所示。

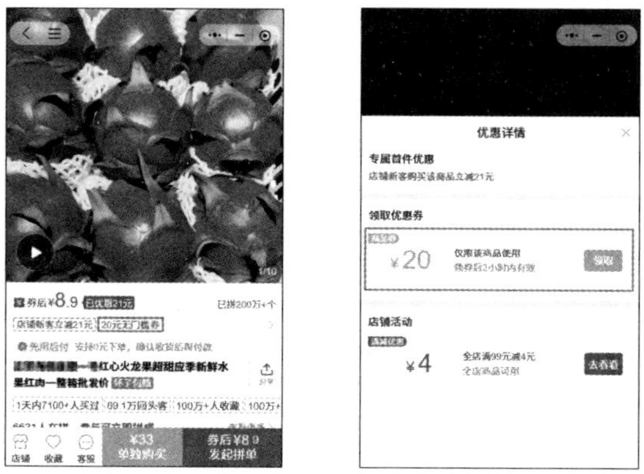

图 11-13 商品立减券示例

用户在购买带有立减券的商品时，可以在结算时自动享受相应的价格减免。另外，带有立减券的商品在搜索结果页和推荐页中还会获得更多曝光机会，提高商品的可见度。在拼多多商家后台进入“店铺营销→营销工具→优惠券”页面，即可看到商品立减券，如图11-14所示。

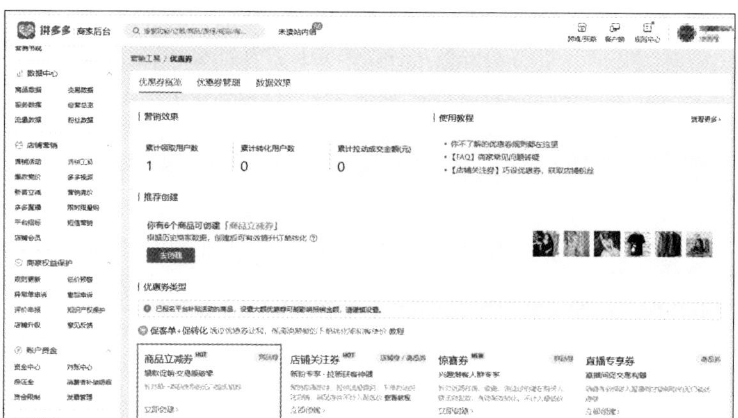

图 11-14 “优惠券”页面

在“优惠券类型”选项区中，选择“商品立减券”并单击“立即创建”按钮，进入“创建优惠券”页面，默认选择“商品立减券”，如图 11-15 所示。选择相应的活动商品并设置优惠信息，包括优惠券名称、领取时间、使用时间等，单击“创建”按钮即可创建商品立减券。

图 11-15 “创建优惠券”页面

专家提醒

优惠券名称不能超过 20 字，并且这个名称只是商家用来区分自己的优惠券所用，并不会展现在用户端。优惠券的领取时间最多为 365 天，这个时间同时也是使用优惠券的有效期。

另外，系统会自动填入最具竞争力的券面额和发行张数，使用推荐券面额能有效提升支付转化率。商家可以设置自定义的券面额，以及同步设置首件立减、惊喜券等额外优惠，以吸引更多用户购买。

11.5.2　店铺满减券：带动全店的商品销量

店铺满减券需要用户满足一定的消费金额才能使用，使用范围包括全店或商家指定的商品，适合商家需要同时推广多个商品或者高客单价商品的营销场景。商家设置店铺满减券后，可以获得相应标签，如“满 58 减 8”。很多用户为了凑齐满减金额，会同时选择店铺中的其他活动商品。因此，商家可以为已有爆款设置店铺满减券，来带动店铺其他弱势商品的曝光量和销售额。

同时，店铺满减券还可以大幅提高单个用户的客单价，有利于提升店铺的

GMV。据拼多多平台统计，跟不使用店铺满减券的同行商家相比，使用店铺满减券的商家的平均客单价要高出 50%。

在拼多多商家后台进入“店铺营销→营销工具”页面，选择“店铺满减”优惠券，并单击“立即创建”按钮，进入“创建店铺满减”页面，如图 11-16 所示。设置相应的优惠信息，包括活动名称、开始时间、活动范围等，单击“确认创建”按钮，即可创建店铺满减券。

图 11-16 “创建店铺满减”页面

11.6 多件优惠价：打造多个爆款，提升GMV

商家打造爆款的最终目的是提升店铺的 GMV，获得更多的盈利。对于大中型商家来说，如果要同时做多个爆款，那么多件优惠价就是一个不错的营销工具，能够起到刺激消费的作用，大幅提升用户的客单价。

11.6.1 多件优惠价的创建方法

在拼多多商家后台进入“店铺营销→营销工具”页面，在右侧的“热门营销工具”选项区中选择“多件优惠价”工具即可进入其页面，单击“去创建”按钮，如图 11-17 所示。

执行操作后，进入“创建多件优惠价”页面，如图 11-18 所示，商家需要设置相应的优惠活动信息，包括活动名称、活动时间、活动商品、优惠设置等。设置完成后，单击“确认创建”按钮，即可创建多件优惠价活动。

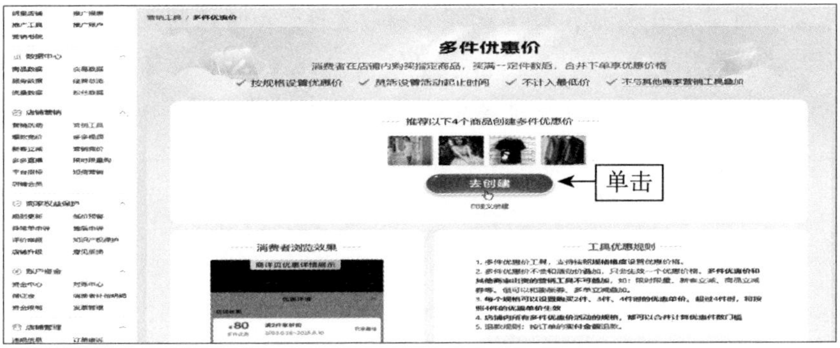

图 11-17 单击“去创建”按钮

图 11-18 “创建多件优惠价”页面

11.6.2 优惠类型的选择技巧

多件优惠价活动的优惠类型可以分为折扣和立减两种不同的形式，如图 11-19 所示。其相关介绍如下。

（1）折扣：用户在购买指定商品时，购买数量达到一定件数，可享受一定的折扣优惠。在拼多多商家后台的“多件优惠价”页面，选择参与活动的商品及规格，设置购买 2 件、3 件、4 件时的折扣比例。折扣的优惠形式直观，用户容易理解，适用于各类商品，尤其是价格较高的商品。通过设置多件折扣，可以有效提高商品的连带率和客单价。

（2）立减：用户在购买指定商品时，购买数量达到一定件数，可在原价基础上直接减免一定金额。在拼多多商家后台的“多件优惠价”设置页面，选择参与活动的商品及规格，设置购买 2 件、3 件、4 件时的立减金额。例如，购买 2 件减 5 元，购买 3 件减 10 元，购买 4 件减 15 元。立减的优惠形式非常直接，用户在结算时能明确看到减免金额，购买意愿增强，这适用于价格敏感型用户，能有效提升商品的转化率和销量。

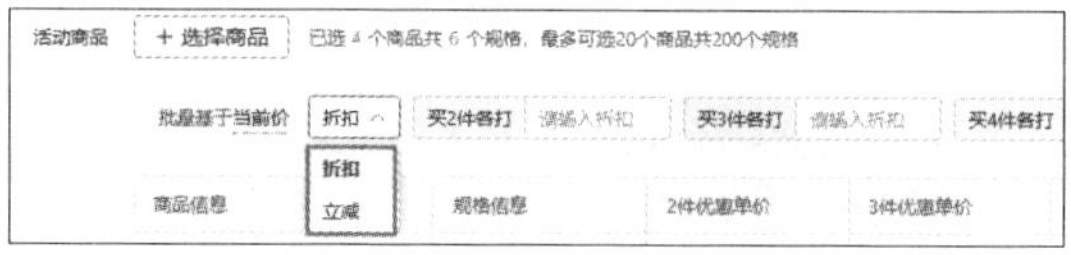

图 11-19　多件优惠价活动的优惠类型

11.6.3　多件优惠价的阶梯设置

设置多件优惠价的阶梯时，商家首先要明确产品的成本与利润，确保优惠后仍有盈利空间。商家可以研究竞争对手的价格策略，使自己的优惠更具吸引力。

依据产品特性和用户购买习惯，合理设定每件商品的优惠幅度，通常购买数量越多，优惠力度越大，如购买 2 件享 9 折，购买 3 件享 8 折，购买 4 件享 7 折，如图 11-20 所示，但优惠价不得低于成本价。

图 11-20　多件优惠价的阶梯设置示例

商家还需要定期分析优惠活动数据，如参与人数、购买数量、转化率等，根据数据反馈调整优惠阶梯设置。另外，商家还可以结合其他营销工具，如限时限量购、新客立减等，放大优惠活动效果。

专家提醒

阶梯设置最多只能设置 3 个阶段，即多件优惠价活动最多只支持 4 件商品。用户购买的商品超过 4 件时，将按照第 4 件的优惠单价生效。另外，店铺内所有多件优惠价活动的规格（可以理解为商家针对同一款商品所设定的不同销售组合或参数设定），都可以合并计算优惠件数门槛。